moulages faciles

À Patricia
À mes filles Aurélie et Amandine

Amateurs ou professionnels, éducateurs, artistes, artisans,
pour tout savoir sur le moulage, les produits et les formations, écrire à l'éditeur
qui transmettra à Pascal Rosier.
ou consulter www.pascalrosier.com

Remerciements

L'auteur remercie :
Aurélie Rosier pour sa précieuse collaboration,
Pierre-Olivier Piersin pour la réalisation du masque de la page 80.

Et pour leur contribution :
Nicole Crestou, Michel Grehan, Jean-Pierre Maury, Onyx de Vritz,
Joël Roure, Valérie Sarasar, Jeanne De Biasio, Jean-Jacques Sansarlat.

L'auteur et l'éditeur remercient pour les objets présentés aux pages 7, 92 et 93 :
FACETTI, ZAC Dorian,172-174, rue de Charonne 75011 Paris
LES 7 PÉCHÉS CAPITAUX, La chapelle de Clévy, 69490 Romain de Popey
Pour les poignées du meuble sur la couverture :
MANITOU, 32, bd Arago 59000 Lille

Création, maquette et mise en pages : Étienne Hénocq
Photographies pages 4, 7, 12, 30, 32 (en haut), 44, 68, 82, 92 et 93 : Cactus Studio
Stylisme : Claude Bouffé
Révision et correction : Isabelle Macé
Édition : Mélanie Bauer
Direction éditoriale : Catherine Franck-Dandres
Relecture : Édith Zha
Coordination technique : Isabelle Goulhot
Photogravure : IGS Charente photogravure

ISBN : 2-04-721 881-0

N°de projet : 10070342-I-6-CSBTS135-0899
Achevé d'imprimer sur les presses de l'imprimerie Canale (Italie) en août 1999

moulages faciles

créez vos décors

Pascal Rosier

Dessain et Tolra

Sommaire

TOUS LES MATÉRIAUX UTILISÉS DANS CET OUVRAGE VOUS PERMETTRONT D'OBTENIR DE BONS RÉSULTATS, MEME SI VOUS MANQUEZ ENCORE DE PRATIQUE. POUR FAIRE LE BON CHOIX ET APPRENDRE À LES UTILISER À BON ESCIENT, PRENEZ LE TEMPS DE LA RÉFLEXION ET LISEZ ATTENTIVEMENT LES PAGES QUI SUIVENT. VOUS POURREZ ENSUITE EXPLORER LES VOIES DE LA CRÉATION ET LAISSER LIBRE COURS À VOTRE IMAGINATION.

1

Présentation des produits

Les outils et les matériaux

IL N'Y A PAS D'OUTILS SPÉCIFIQUES POUR LE MOULAGE, CE QUE POSSÈDE UN BON BRICOLEUR EST SUFFISANT : QUELQUES COUTEAUX, UNE SPATULE POUR LES MÉLANGES, UN MAILLET, UN MARTEAU, DES CUTTERS ET CISEAUX, UNE RÂPE ET UNE SPATULE À PLÂTRE, UNE OU DEUX MIRETTES, QUELQUES RÉCIPIENTS DOSEURS EN MATIÈRE PLASTIQUE POUR LES MÉLANGES ET QUELQUES PINCEAUX ET BROSSES.

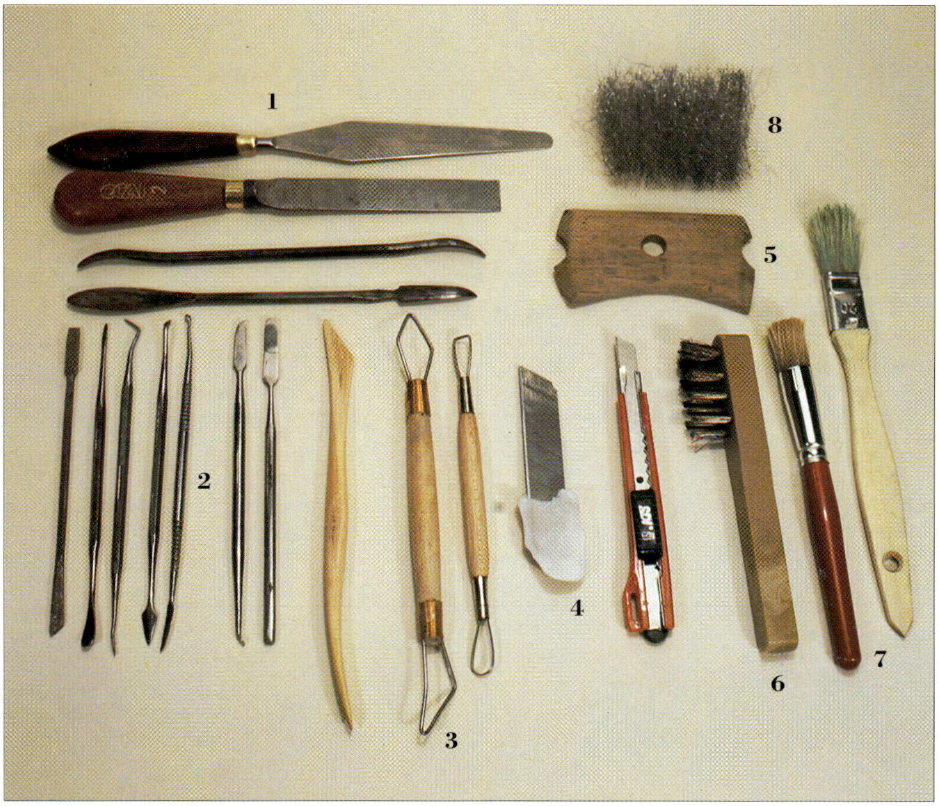

Attention

Certains produits peuvent provoquer des allergies, des réactions cutanées ou des brûlures. Lorsque vous utilisez des élastomères et des résines, travaillez dans des locaux aérés, portez des gants, un masque et des lunettes. Conformez-vous aux directives inscrites sur le mode d'emploi. Faites vos mélanges dans des récipients propres, et respectez l'environnement en ne jetant que des résidus inertes.

1- spatules à plâtre
2- spatules à cire
3- mirettes
4- cutters
5- ébauchoir
6- brosse en métal
7- pinceau et brosse
8- abrasif

Certains matériaux sont naturels et sans danger tels l'argile, le plâtre, les bandes plâtrées, l'alginate ou le latex. D'autres sont issus de la chimie de synthèse, tels l'élastomère de silicone ou les résines, et doivent être manipulés avec précaution.

Parmi les matériaux qui permettent de réaliser des moules, on trouve l'argile, le plâtre, les bandes plâtrées, l'alginate, la cire, le latex, l'élastomère de silicone. Pour les épreuves, on utilise l'argile, le plâtre, les bandes plâtrées, la pierre reconstituée, l'alginate (pour les réductions, voir page 21), la cire, le métal à bas point de fusion, le latex et les résines. Les tableaux ci-après détaillent leurs caractéristiques et les agents de démoulage adaptés.

Caractéristiques générales des matériaux

Propriétés et utilisations générales des principaux matériaux

matériaux	argile naturelle	argile auto-durcissante	plastiline	plâtre	bandes plâtrées	pierre reconstituée	cire	alginate	latex	métal bas point de fusion	élastomère silicone	résine polyester transparente	résine époxyde cristal
utilisations	E.T.M	E.T.M	E	T.M	T.M	T	T.M	M.R	T.M	T	M	T	T
couleur naturelle	gris/rouge	gris/rouge	beige	blanc/rouge	blanc	beige clair	blanc	blanc	blanc	gris	blanc/bleu rouge	incolore	incolore
présentation	pâte	pâte	pâte	poudre	bande	poudre agrégats	paillettes	poudre	liquide	lingots	pâteux	sirop	sirop ou mastic
composants	1	1	1	1	1	1	1	1	1	1	2	2	2
apport d'eau	non	non	non	oui	oui	oui	non	oui	possible	non	non	non	non
apport de chaleur	non	non	non	non	non	non	oui	non	non	oui	non	non	non
temps de travail	illimité	illimité	illimité	5' à 10'	1' à 3'	20'	10' à 30'	5'	10' à 30'	1' à 2'	10' à 1 h	15' à 30'	15' à 30'
exothermie	non	non	non	oui	oui	oui	non	non	non	non	non	oui	oui
temps de démoulage	immédiat	immédiat	immédiat	15' à 1 h	15'	2 h	dès refroidissmt	15'	20' à 12 h	dès refroidissmt	30' à 8 h	2 h à 12 h	6 h à 12 h
retrait %	3 à 10	3 à 10	0	> 0,03	non	> 3	1 à 5	0 à 70	10	> 1	> 1	3 à 7	> 1
allongement %	10 à 30	10 à 30	50 %	non	non	non	à chaud 5 à 10	20	200 à 800	non	300 à 600	non	non
rigide R / souple S	S	S	S	R	R	R	R	S	S	R	S	R	R
tenue de température	30° C	30° C	50° C	150° C	100° C	200° C	45 à 70° C	30° C	100° C	100° C	150° C	100° C	150° C
nettoyage mains / outils	eau	eau	essence	eau	eau	eau / savon	trichlo ou à chaud	eau	eau	à chaud	white spirit trichlo	acétone	acétone
colorable	non	non	non	oui	oui	oui	oui	non	oui	non	oui	oui	oui
chargeable	non	non	non	oui	non	oui	non	non	oui	non	non	oui	oui
thixotropable	non	non	non	oui	non	oui	thixo	oui	oui	non	oui	oui	oui
réutilisable	oui	oui	oui	non	non	non	oui	non	non	oui	non	non	non

Techniques de moulage et de tirage possibles

a : moule bateau
b : moule estampé
c : membrane estampée sous chape
d : moule au trempé
e : moule par pression
f : tirage par coulée
g : tirage par estampage
h : tirage au renversé
i : inclusion
j : membrane coulée sous chape

Agents de démoulage à utiliser

0 : pas d'agent de démoulage
1 : vernis gomme-laque
2 : cire de démoulage liquide
3 : spray silicone
4 : vaseline
5 : talc
6 : alcool polyvinylique

Résultats

x : moyen
xx : bon
xxx : très bon
N : impossible

Utilisations

E : Empreintes
T : Tirages
M : Moulages
R : Réductions
S : Transfert

Choix du matériau et de la technique à utiliser pour le moule en fonction de la nature du modèle

modèles

matériaux de moulage	argile naturelle	argile auto-durcissante	pâte à modeler	plâtre	bandes plâtrées	alginate	cire	latex	élastomère silicone
techniques moulage	b, e	b, e	b	a, b	b	a, b, c	d	c, d	a, c, j
plâtre	xx 5	x 5	xx 5	xx 4	x 4	xx 6	xxx 1, 4	xxx 0	xxx 0, 6
cire	xx 5	x 5	xx 5	xx 4	x 4	xxx 0	xx 3	xx 0	xxx 0
terre humide	N	N	N	xx 0	x 3	xx 0	xx 3	N	xxx 0
terre cuite	xx 5	x 5	xx 5	xx 4	x 4	xx 6	xx 1,4	xxx 0	xxx 6
bois	xx 5	x 5	xx 5	xx 4	x 4	xx 5	xx 3	xx 0	xxx 6
métal	xx 5	x 5	xx 5	xx 4	x 3	xxx 0	xx 3	x 0	xxx 0
pierre	xx 5	x 5	xx 5	xx 4	x 4	xx 6	xx 4, 3	xx 0	xxx 6
végétaux / aliments	N	N	N	xx 0	x 3	xxx 0	xx 3	N	xxx 0
corps humain	N	N	N	xx 0, 4	xxx 4	xxx 0	N	N	N

Choix du matériau et de la technique à utiliser pour le tirage en fonction de la nature du moule

moules

matériaux de tirage	argile auto-durcissante	plâtre bandes plâtrées	pierre reconstituée	alginate pour réductions	cire	latex	métal bas point de fusion	résine polyester transparente	résine époxyde cristal	résine polyuréthanne
techniques de tirage	g	f, g, h	f, g	f, g	f, g	g, h	f	f, i	f, g, s	f
argile sèche	x 5	x 4	x 4	xxx 3	xx 3	xx 5	N	x 1, 2	x 1, 4	x 1, 2
argile humide	N	xxx 0	xx 0	xxx 0	xx 3	N	N	N	N	N
plâtre	x 5	xxx 4	xx 4	xxx 4	xx 1, 3, 4	xxx 0	N	xx 1, 2	xx 1, 4	xx 1, 2
bandes plâtrées	x 5	xx 4	xx 4	xx 4	xx 1, 3, 4	xxx 0	N	x 1, 2	x 1, 4	x 1, 2
alginate	x 0	xxx 0	xx 0	xxx 0	xx 3	N	N	N	N	N
cire	x 5	xxx 0	xx 4	xxx 0	xx 3	xx 0	N	xx 3	xx 4	xx 3
latex	x 5	xxx 3	xx 4	xxx 0	xxx 3	N	N	xx 3, 4	N	xx 3, 4
élastomère silicone	xx 5	xxx 0	xxx 0	xxx 0	xxx 3	xx 0	xxx 5	xxx 0	xxx 4	xxx 0
plastique thermoformé	xx 5	xx 5	xx 5	xxx 0	N	xx 0	N	xxx 4	xxx 4	xxx 5

L'ARGILE

L'argile est une pâte malléable rouge ou grise, riche en eau et prête à l'emploi.

Conservation :
illimitée à l'humidité.

Précautions :
pas de précautions particulières.

Utilisations :
modelages et moulages.

Issue de la décomposition des roches par l'eau de ruissellement, **L'ARGILE**, ou terre glaise, est extraite à l'air libre ou dans des carrières souterraines situées en général au centre de la France. Ses qualités plastiques auraient été découvertes dès le néolithique. Dans la mythologie grecque, Pandore, la première femme, est modelée dans l'argile par Héphaïstos. Les Égyptiens, les Chinois, les Grecs vers le VIe siècle avant J.-C. s'en servaient pour fabriquer des idoles et des statuettes. Humide, l'argile a la consistance d'une pâte très fine et douce, plus ou moins ferme en fonction de la quantité d'eau qu'elle contient. Elle est indispensable pour le modelage, mais sa finesse en fait aussi un matériau de prise d'empreinte très fidèle.

CONSEIL

Pour assurer la conservation, réhumidifiez la terre sèche en la plongeant dans l'eau quelques heures. Utilisez un imperméabilisant avant de verser de l'eau dans un modelage en argile sèche.

L'ARGILE NATURELLE

Après extraction et raffinage, cette argile de couleur grise est vendue prête à l'emploi. Elle doit être maintenue constamment humide car elle se dessèche à l'air libre, se rétracte et devient cassante. Destinée à être moulée (si elle est modelée) ou cuite à environ 1 000 °C, elle est aussi utilisée pour prendre des empreintes (page 32).

L'ARGILE AUTODURCISSANTE

De couleur rouge ou grise, elle est broyée et mélangée avec un liant qui lui permet de durcir sans cuisson ; sa surface devient alors très dure sans se craqueler. Le séchage peut être accéléré à la chaleur ou dans un four à micro-ondes. Cette argile peut être peinte ou vernie. On l'utilise pour des modelages, prises d'empreinte ou estampages dans des moules, par exemple pour décorer des pots en terre cuite (page 53).

La pate à modeler

La pâte à modeler est de couleur ivoire, prête à l'emploi.

Conservation : illimitée dans un endroit tempéré.

Précautions : tache le tissu, ne pas ingérer.

Utilisations : petits modelages, petites empreintes rapides, plans de joint de moules, coffrages.

Très fine et douce au toucher, elle est constituée de cire et de charges minérales.
Elle ne sèche pas à l'air et se travaille à la main ou avec des spatules ; son point de malléabilité est proche de 50 °C.
Elle peut être coulée après avoir été fondue, calibrée ou calandrée au rouleau entre deux réglettes, le talc servant d'antiadhérent. Elle peut être ramollie près d'une source de chaleur ou durcie au froid, et lissée avec un coton imbibé d'essence de térébenthine.
Elle est utilisée pour la création de formes et les petits modelages d'ornements, figurines, bas-reliefs et études rapides. Pour de grands modelages, elle est appliquée en couche mince sur un noyau en plâtre, en mousse ou en bois.
D'une grande fidélité d'empreinte, la pâte à modeler est employée pour réaliser de petits moulages par pression (coin de cadre, camée, médaille, écorce d'arbre, etc.), à l'intérieur desquels on peut ensuite couler du plâtre (page 53).
Elle est très utile pour réaliser des plans de joint ou des coffrages pour les moules en bateau ou estampés en deux parties (page 60).

Modelage d'un ornement

1 Former une plaque de 1 cm d'épaisseur environ, placer le sujet ou un dessin à détourer.

2 Presser avec le pouce pour donner la forme et pour transférer les reliefs ou repasser sur le dessin avec un stylobille.

3 Découper la pâte sur les contours, insister sur les reliefs, ajouter de la pâte si nécessaire et au besoin, lisser avec de l'essence térébenthine.

4 Éventuellement déformer et ajuster l'ornement sur une moulure : cadre ou miroir, etc. Avant de mouler, suivre la réalisation du moule pages 57, 58.

Le plâtre

Le plâtre est une poudre très fine de couleur blanche, rouge ou noire, à mélanger à l'eau. La prise s'accompagne d'un léger échauffement et intervient en 10 à 20 min en fonction de la température, de la quantité d'eau et du battage. Le démoulage s'effectue entre 30 min et 1 h.

Conservation : 1 an fermé, 6 mois ouvert.

Précautions : travailler si possible avec des gants, bien se laver les mains à l'eau savonneuse.

Utilisations : tirages par coulée ou estampage dans des moules en plâtre, latex, élastomère de silicone. Chape de moules.

Le plâtre de moulage

Il existe deux qualités de plâtre : les plâtres dits « bêta », qu'il faut gâcher avec beaucoup d'eau (environ 500 cl par kilo), sont poreux et friables et conviennent pour des moulages grossiers ou pour le coulage du latex et de la barbotine ; les plâtres dits « alpha », qui se gâchent avec très peu d'eau (environ 280 cl par kilo), ils sont très fins, blancs et durs. Un bon plâtre de moulage contient au moins 50 % de qualité « alpha » (les moulages seront plus solides). Le plâtre est parfois teinté en noir ou en rouge pour imiter l'aspect de la terre cuite. Les moulages peuvent être patinés ou même simplement cirés (page 86).

Conseil

Un des secrets du travail du plâtre consiste à agir sans précipitation. Plus le plâtre est agité, plus il prend vite. L'eau froide ralentit la prise, l'eau chaude l'accélère. Vous pouvez ajouter de la gouache ou des pigments à l'eau de gâchage pour teinter le plâtre dans la masse, des huiles essentielles pour le parfumer, ou du talc pour lui donner un aspect encore plus fin et soyeux.

La préparation du plâtre

La préparation du plâtre, ou gâchage, permet d'obtenir une pâte onctueuse sans bulles ni grumeaux.

• Mettez de l'eau à température ambiante dans un récipient propre, versez-y le plâtre en pluie sans remuer jusqu'à ce que, par saturation, il vienne affleurer la surface.
Vous obtenez ainsi un plâtre « fleur d'eau ». Laissez reposer le plâtre 3 ou 4 min pour qu'il absorbe bien toute l'eau, puis mélangez lentement avec une spatule ou à la main. On gâche « serré » en augmentant la proportion de poudre afin d'obtenir rapidement un plâtre consistant ; on gâche « clair » en la diminuant, par exemple pour couler le plâtre ou pour faire des réparations sur un plâtre sec (en mouillant bien au préalable).

Les bandes plâtrées

Le plâtre est connu depuis environ 9000 avant J.-C. La légende rapporte qu'un berger utilisant des blocs de gypse pour confectionner un foyer à l'air libre s'aperçut après une averse que les pierres autour du feu éteint ne formaient plus qu'un seul bloc.
La plus ancienne utilisation connue du plâtre remonte à 7000 avant J.-C. On l'a découverte sur le site de Çatal Höyük en Turquie, sous la forme d'enduit recouvrant les murs. Les Sumériens, Assyriens, Égyptiens, Grecs, Romains et tous les peuples méditerranéens l'employèrent pour la construction et la décoration. Plus près de nous, les Anglais en imposèrent l'usage dès le XVIIIe siècle pour la protection contre l'incendie en raison de ses propriétés réfractaires.
Le plâtre est obtenu après calcination et broyage du gypse, appelé aussi « pierre à plâtre » et dont certains cristaux ont la forme d'un fer de lance. Le gypse est extrait de carrières à ciel ouvert ou souterraines, comme c'était le cas dans le sous-sol parisien, d'où la renommée du « plâtre de Paris ». La qualité du broyage et de la cuisson déterminent une infinité de plâtres (très durs, renforcés avec des fibres, réfractaires, etc.) répondant aux besoins de divers corps de métier : maçons, staffeurs, céramistes, mouleurs, fondeurs, prothésistes, etc.

Les bandes plâtrées sont constituées de supports textiles enduits de plâtre. Ce sont des bandes que l'on immerge quelques secondes dans l'eau tiède ou à température ambiante, puis que l'on essore ; le plâtre durcit alors en quelques minutes en épousant les formes.

Conservation : quelques mois à l'abri de l'air.

Précautions : en cas de moulage sur le vif, faire un essai sur une portion de peau. Utiliser une crème de protection ou de la vaseline.

Utilisations : décoration, empreintes sur modèle vivant, masques, chape de moules.

Bandes plâtrées de moulage

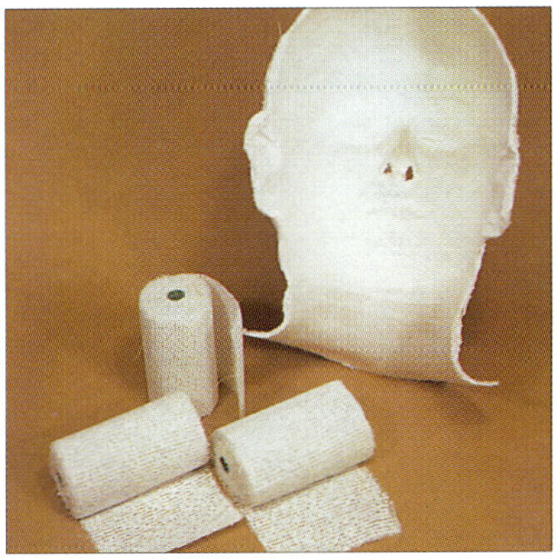

Habituellement réservées à l'immobilisation des membres fracturés, ces bandes peuvent tout à fait être utilisées pour réaliser des formes dites « par moulage» ou « par estampage », ou encore pour prendre des empreintes directement sur le corps. Elles constituent un matériau irremplaçable toujours prêt à l'emploi, à prise rapide et d'un rapport qualité-prix imbattable. Ne nécessitant qu'un apprentissage très court, elles permettent de se lancer plus rapidement qu'avec tout autre matériau dans des empreintes importantes. On se sert très souvent aussi de l'empreinte en bandes plâtrées comme d'un tirage, que l'on peut éventuellement peindre ou vernir. On peut ainsi recouvrir n'importe quelle forme préalablement graissée (par exemple, un vase ou une coupe) et la reproduire sommairement. S'il s'agit d'une forme en contre-dépouille, la bande plâtrée est posée partiellement, puis les morceaux sont soudés entre eux après le démoulage. Les bandes plâtrées peuvent être employées pour réaliser des sculptures sur des armatures en grillage ou en tube, des tirages par estampage dans des moules ou des chapes de maintien pour des moules à membrane en alginate, latex ou élastomère de silicone.

Conseil

Un bon moulage sur le vif ne demande que deux couches de bandes plâtrées ; pour éviter les surcharges, teintez l'eau avec un peu de colorant (gouache) avant d'entamer la deuxième couche (voir page 77), et découpez les bandes en petits coupons, beaucoup plus faciles à appliquer.

La pierre reconstituée

La pierre reconstituée est une poudre beige comportant des petits grains de pierre. Mélangée à 16-20 % d'eau, elle se transforme en une masse solide et prend l'aspect de la pierre calcaire. Le temps de travail est d'environ 15 min, le démoulage de 1 ou 2 h. Le mélange prend progressivement la consistance d'une pommade et peut être estampé dans des moules.

Conservation : 1 an fermé, 6 mois ouvert.

Précautions : à l'inverse du plâtre, qui est en principe bien toléré par la peau, la pierre reconstituée est corrosive et doit toujours se travailler avec des gants.

Utilisations : ornements, statuaire, décoration, vasques et balustres.

Conseil

Pour renforcer les grands moulages, intercalez un grillage en plastique ou métallique entre deux couches. Pour faire ressortir le grain de la pierre après le démoulage, appliquez au pinceau une solution d'acide chlorhydrique et d'eau et laissez agir, puis rincez bien à l'eau claire et laissez sécher.

La pierre reconstituée est composée de ciment, de chaux et de granulats calcaires et siliceux. Elle se prépare comme un plâtre avec de l'eau, mais ressemble à la pierre calcaire et résiste mieux aux intempéries. Elle peut être travaillée par estampage ou par coulage dans des moules en plâtre, latex, élastomère de silicone, et teintée dans la masse à l'aide de gouaches ou de peintures vinyliques. Le temps de prise est de quelques heures, mais la pierre reconstituée reste fragile tant qu'elle n'est pas totalement sèche. On peut éventuellement ouvrir le moule partiellement et attendre quelques heures supplémentaires avant de démouler.

L'alginate

L'alginate se présente sous la forme d'une poudre à mélanger avec 2 à 3 volumes d'eau à une température de 20 à 35 °C. Le mélange gélifie en 5 à 10 min en fonction de la température de l'eau et offre une fidélité d'empreinte exceptionnelle.

Conservation : 6 à 12 mois au sec.

Précautions : non toxique, sans danger. Ne pas ingérer d'alginate en poudre. Tache les tissus. Ne pas jeter dans les canalisations.

Utilisations : toutes empreintes rapides sur modèle vivant (visage, mains), moulage (fruits, légumes, poissons...), réductions par déshydratation.

L'alginate est extrait des algues marines, et notamment des algues brunes que l'on trouve sur les côtes bretonnes. Les propriétés gélifiantes et émulsifiantes de ce produit naturel et non toxique ont été découvertes par E. C. Stanford en 1883. Depuis 1930, les applications n'ont cessé de croître et sont très largement exploitées par l'industrie alimentaire, les cosmétiques, la pharmacologie, etc.

Poudre d'alginate, moulages et réductions

L'ALGINATE DE MOULAGE

C'est une poudre composée d'alginate de calcium et de terre de diatomée. Mélangée à de l'eau, elle se transforme en une pâte onctueuse puis se gélifie progressivement pendant 6 à 12 min jusqu'à prendre la consistance d'un flan. Cette masse souple et résistante permet le moulage de formes en contre-dépouille. La rapidité de prise, la grande fidélité et l'absence totale d'agression de la surface moulée font de l'alginate le matériau idéal pour obtenir rapidement la copie d'un sujet fragile. Ce produit convient donc parfaitement pour les empreintes sur modèle vivant, sur la pierre ou le bois, les végétaux, les insectes, les poissons. L'alginate peut aussi se couler ou s'estamper sur des parois verticales ; il faut alors le contenir dans une chape rigide de plâtre ou de bandes plâtrées.
L'alginate se prépare de la façon suivante : vous devez prévoir environ 1 volume de poudre pour 2 à 3 d'eau.
Agitez bien la poudre pour l'homogénéiser et l'aérer, puis versez l'eau dessus et mélangez activement à la main pendant environ 1 min pour obtenir une pâte homogène.

CONSEIL

Une empreinte en alginate étant composée aux trois quarts d'eau, elle se déshydrate très vite et la masse a alors tendance à se rétracter. Il faut maintenir l'empreinte dans un milieu humide jusqu'au tirage en l'enfermant dans un sac plastique.
Cette particularité de l'alginate permet de réaliser des réductions. Il suffit de le verser dans un moule en élastomère de silicone ou même en alginate, car il ne reprend pas sur lui-même, et de laisser l'objet moulé se déshydrater à l'air libre. Il va ainsi réduire d'environ 30 % par rapport à son volume initial, en conservant ses proportions. En répétant cette opération plusieurs fois, on peut ainsi obtenir toute une collection de tailles différentes du même sujet.

À partir de cet instant, vous disposez d'un temps de travail de 3 à 5 min en fonction de la température de l'eau (l'eau froide ou calcaire ralentit la prise).
La faible résistance au déchirement et la rétractation due à la déshydratation empêchent de tirer plus de une à trois épreuves. Les matériaux qu'il est possible de couler dans l'alginate sont le plâtre, la cire et certaines résines polyuréthannes.

LA PRÉPARATION DES EMPREINTES avant le coulage du plâtre

La surface de l'alginate étant légèrement acide, le plâtre prend mal à son contact.
Pour réussir un tirage en plâtre, il faut tout d'abord verser dans l'empreinte en alginate de l'eau additionnée de 10 % de cristaux d'alun de potasse, laisser agir 2 min puis évacuer la solution et faire égoutter quelques instants avant de verser le plâtre (page 75).

La cire

La cire se présente sous la forme de paillettes blanches. Elle fond à 80 °C au bain-marie ou sur une plaque électrique, et reprend son état solide en refroidissant. Réutilisable à volonté, elle peut se travailler avec des spatules, râpes, couteaux, toile émeri, et se lisser avec un coton imbibé d'essence de térébenthine.

Conservation : illimitée dans un endroit frais.

Précautions : ne pas faire fondre directement sur la flamme (très facilement inflammable). Si la cire prend feu, ne pas projeter d'eau mais étouffer les flammes avec un couvercle. En cas de brûlures, consulter immédiatement un médecin.

Utilisations : moulages et empreintes rapides au trempé ou au renversé ; réalisation d'objets et de bougies décoratives.

La cire est un matériau fusible et réutilisable. Elle peut être d'origine animale (cire d'abeille), minérale (paraffine tirée du pétrole) ou végétale (cire de carnauba). Il existe des mélanges pour le moulage, des cires à couler pour la bijouterie et la fonderie, des cires à bougie…

Pour illustrer les facultés de conservation que confère **LA CIRE** à la matière organique et ses applications comme matériau de moulage, citons le travail des embaumeurs depuis l'Égypte ancienne jusqu'à nos jours, les surprenantes maquettes d'anatomie (céroplastique) produites du XVIIe au XIXe siècle par les ateliers des artistes italiens, français et anglais, et, plus près de nous, les statues des musées de cire car grâce à ses propriétés d'absorption de la lumière c'est le matériau idéal pour les imitations de la peau. Mentionnons encore les objets de décoration, les superbes bougies ornementales, les imitations de plats cuisinés et corbeilles de fruits factices.
La cire est aussi employée pour le procédé de fonderie dit « de cire perdue », qui s'applique aussi bien à la bijouterie qu'aux pièces volumineuses de l'art statuaire.

La cire de moulage et de coulage

Cette cire se présente en paillettes. Elle est ainsi plus facile à faire fondre au bain-marie. Grâce à sa translucidité, elle convient très bien pour les imitations d'autres matériaux ; on peut la teinter avec des colorants de type colorants à bougie ou avec des pigments en poudre, la parfumer dans la masse avec des huiles essentielles ou les parfums du commerce.

Elle permet de prendre des empreintes en suivant la technique du moulage au trempé pour recevoir du plâtre ou de la pierre reconstituée comme matériau de tirage (voir page 42). La cire se travaille avec des spatules, râpes, couteaux ; à chaud, pour ajuster, recoller, greffer différents éléments ; à froid, pour sculpter, couper, graver, poncer, polir…

Conseil

Récupérez tous les déchets de cire et les balayures, faites fondre l'ensemble et laissez refroidir. Les impuretés tomberont au fond et la cire restera vierge en surface.
Pour modeler avec de la cire, ajoutez 10 % de térébenthine et un peu de talc dans la cire fondue.

Le latex naturel

Le latex n'est pas une matière plastique synthétique mais un produit naturel : c'est la sève de l'arbre à caoutchouc *(Hevea brasiliensis)* poussant en Asie, dans laquelle on incorpore de l'ammoniaque pour la conservation.
Hérodote en attribue l'invention aux Égyptiens qui, le tenant des Éthiopiens, l'auraient exporté en Asie Mineure. Au début du XVIe siècle, les Espagnols découvrent le Nouveau Monde et les balles rebondissantes avec lesquelles jouent les Indiens. En 1536, Fernandez d'Oviedo décrit le latex et la récolte du caoutchouc.
De la consistance et de la couleur du lait, le latex vulcanise et se transforme en quelques heures par simple séchage à l'air ambiant en un caoutchouc élastique, ambré et translucide. Il permet de fabriquer des moules et des objets pleins ou creux en contre-dépouille.
C'est la matière première des gants de chirurgie, des tétines et des préservatifs, mais on l'utilise aussi dans les jouets, armes factices, articles de farces et attrapes, accessoires et masques de théâtre...

Conseil

Pour accélérer la prise du latex, placez le moule dans un carton fermé comportant deux petites ouvertures opposées et faites fonctionner un séchoir à cheveux devant l'une d'elles.
Le nettoyage se fait à l'eau savonneuse. Si le latex a séché sur les pinceaux, laissez-les tremper dans du solvant (trichloréthylène) pendant une nuit.

Le latex naturel est un liquide épais, blanc laiteux, à odeur d'ammoniac. Prêt à l'emploi, il vulcanise par simple séchage à l'air ambiant. Le matériau obtenu est souple, élastique et résistant au déchirement.

Conservation : 1 an à l'abri de l'air, dans un endroit tempéré ; craint le gel.

Précautions : ne pas ingérer. Tache les tissus. Ne pas jeter dans les canalisations. Ne pas appliquer sur du cuivre.

Utilisations : réalisation de moules et tirages par estampage et au trempé.

Le latex de moulage

Ce latex « gel », de la consistance du fromage blanc, peut être appliqué en épaisseur (de préférence sur des modèles en plâtre) pour réaliser des moules à membrane estampée sous chape (page 40).
Dilué avec un peu d'eau, il devient liquide et permet de mouler des petits objets par trempage (page 42). Il peut être teinté avec des colorants acryliques ou miscibles à l'eau.
Une source d'air chaud jusqu'à 70 °C accélère sa prise.
Dans un moule en latex, il est possible de couler du plâtre, de la pierre reconstituée, ou même de la cire à condition d'appliquer un agent de démoulage (voir tableau page 15).

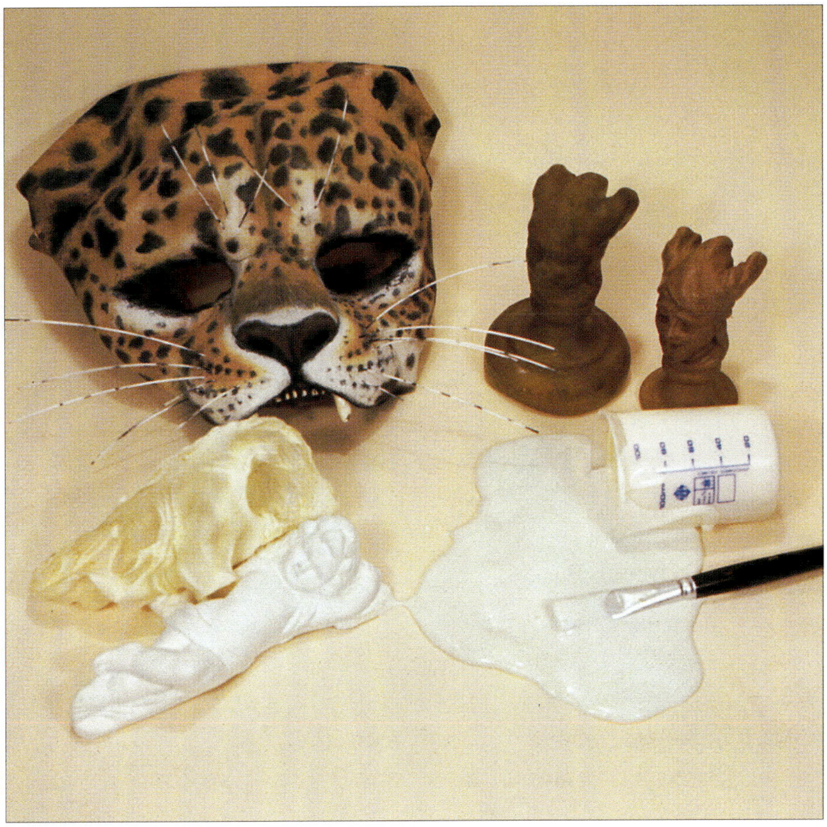

L'ÉLASTOMÈRE DE SILICONE

L'élastomère de silicone se présente sous la forme de liquides visqueux ou de pâtes, de diverses couleurs. Après avoir mélangé les deux composants, on dispose de quelques minutes de travail. Le mélange épaissit progressivement jusqu'à avoir la consistance du caoutchouc. Démoulage possible en quelques heures.

Conservation : plusieurs mois dans un récipient bien fermé à température ambiante.

Précautions : le catalyseur est irritant, protéger les yeux et les mains. En cas de contact, laver abondamment à l'eau et au savon.

Utilisations : fabrication de moules en bateau ou estampés sur des modèles très détaillés.

Obtenu à partir de sable siliceux, de charbon et de méthanol, **LE SILICONE** est à la base de plusieurs familles de matériaux, dont les principales sont les lubrifiants et les élastomères.
Dérivé de « silicium », le nom de silicone apparaît en 1874. Les premiers silicones sont obtenus à partir de 1904. D'abord fabriqués par les compagnies américaines Corning Glass Works et General Electric, ils connaissent leurs premières applications pendant la Seconde Guerre mondiale. En 1948, l'entreprise française Rhône-Poulenc commence à fabriquer des élastomères de silicone. Ceux-ci sont utilisés couramment dans tous les secteurs de l'industrie, de la recherche et de la médecine : joints pour sanitaire et double vitrage, automobile, produits cosmétiques, prothèses, et enfin caoutchoucs de silicone pour moulage.

L'ÉLASTOMÈRE DE SILICONE DE MOULAGE

Il a totalement transformé les techniques de moulage. Liquide ou en pâte, sous l'action d'un catalyseur, il se transforme à température ambiante en une masse souple et résistante à la déchirure. Cela explique le nom générique souvent employé de RTV, de l'anglais *Room Temperature Vulcanising*. Sa précision et sa fidélité d'empreinte sont exceptionnelles : il permet de mouler des formes complexes très finement détaillées sans risquer d'endommager le modèle et autorise des tirages en série. Il est autodémoulant, sa surface est toujours grasse et, dans la plupart des cas, aucun agent de démoulage n'est nécessaire. Employé par coulée en masse ou en couche mince, il est indispensable pour les moules à membrane souple et permet de couler du plâtre, des résines, de la cire et même du métal à bas point de fusion. Ses applications sont innombrables : moulage d'ornements, artisanat, décoration, fonderie, bijouterie, modélisme, archéologie, paléontologie, minéralogie… Sa facilité d'emploi met ce produit à la portée de l'amateur et en fait une famille de matériaux de moulage irremplaçable.

CONSEIL

Pour nettoyer les outils, laissez prendre en masse puis décollez le matériau. Laissez tremper les pinceaux dans un solvant (white-spirit ou trichloréthylène).

La pate à mouler au silicone

Ses deux composants ont la consistance d'un mastic, un des deux peut aussi se trouver sous la forme d'un gel en tube. Après mélange et pétrissage pendant une minute, la pâte est appliquée sur le modèle à reproduire, elle se transforme en quelques minutes en un caoutchouc souple et résistant. Elle est recommandée pour les moulages d'ornements, la restauration. Attention, il peut se produire que la surface au contact du sujet ne sèche pas complètement, cela est dû à la nature du support, dans ce cas, recommencer en appliquant au préalable un film de vaseline.

L'élastomère de silicone à usage général

C'est le plus couramment utilisé ; il peut être employé par coulée pour les moules en bateau ou appliqués au pinceau par estampage. Il est alors nécessaire d'ajouter un agent épaississant (agent thixotrope) pour qu'il ne coule pas sur les parois verticales. Dans le cas de grands moules, il faut fabriquer une coque de maintien en plâtre ou en bandes plâtrées pour éviter les déformations (page 62).

L'élastomère pour le coulage des métaux à bas point de fusion

En général de couleur rouge, cet élastomère a la particularité de résister à plus de 250 °C, ce qui autorise la coulée des alliages à bas point de fusion.

Le métal à bas point de fusion

Le métal à bas point de fusion a un aspect métallique gris légèrement brillant. Peu oxydable, réutilisable. Fusion dans une casserole sur une plaque électrique. Coulage par gravité. Refroidissement accéléré dans l'eau.
Finition par polissage ou peinture.

Conservation : illimitée dans un endroit sec et frais.

Précautions : travailler avec des gants, ne pas porter les mains à la bouche, ne pas respirer les vapeurs.

Utilisations : réalisation de figurines, soldats « de plomb », statuettes, boutons, épinglettes.

Appelé aussi « métal blanc », c'est un alliage composé le plus souvent d'étain mais aussi de bismuth et d'antimoine. Il fond à une température inférieure à 250 °C, ce qui permet d'utiliser une simple plaque électrique. Les moules sont en général réalisés en élastomère de silicone. Faites chauffer le métal dans une casserole (évitez l'aluminium). Des « crasses » (cendres) dues à l'oxydation de l'air peuvent se former à la surface de l'alliage en fusion ; il suffit de les écumer avec une petite spatule en bois. La coulée se fait par gravité : son propre poids suffit à faire pénétrer le métal dans toutes les anfractuosités du moule. On verse le métal en fusion par l'orifice de coulée en tapotant le moule sur la table pour faciliter la progression du métal. Le démoulage se fait après refroidissement complet, que l'on peut éventuellement accélérer dans l'eau froide.

Conseil

Les coulées sont parfois imprécises ou incomplètes. Pour y remédier, aménagez un orifice de coulée dont le volume soit au moins égal aux deux tiers du volume du sujet et talquez le moule avant chaque coulée (page 61).

C'est en 1869 que J. W. Hyatt découvre le Celluloïd en cherchant un matériau pour remplacer l'ivoire des boules de billard. Puis, à partir de 1900, apparaît la Galalithe, cette autre matière synthétique obtenue par le traitement au formol de la caséine du lait. Enfin, Baekeland invente en 1907 la Bakélite, qui remplace alors beaucoup de matériaux naturels et dont les propriétés isolantes sont exploitées pour fabriquer les accessoires électriques et les premiers téléphones.
De nos jours, la recherche sur les matières plastiques est de plus en plus active et nous ne pourrions plus vivre sans les objets moulés qui font partie de notre quotidien. On distingue désormais deux grandes familles : les thermoplastiques (qui se déforment à la chaleur) et les thermodurcissables (qui durcissent à la chaleur), parmi lesquels figurent les résines.
En liaison avec les fibres de verre ou de carbone, les résines entrent notamment dans la composition des fameux « stratifiés composites », souvent plus résistants et plus légers que le métal. On les rencontre dans tous les domaines de l'industrie de pointe et dans bon nombre de produits de consommation : bateaux, raquettes de tennis, vélos...
Les trois types de **RÉSINE** utilisés en moulage (polyester, époxyde, polyuréthanne) comprennent diverses formulations permettant de réaliser des stratifiés, des coulées transparentes ou opaques, des mastics à modeler, etc.

Les résines

La résine polyester

La résine polyester est un sirop transparent et fluide (forte odeur) pouvant se charger et se teinter. Durcit en quelques minutes sous l'action d'un catalyseur, en fonction de la température ambiante, de la quantité de catalyseur et des masses mises en œuvre.

Conservation : 8 mois à l'abri de la lumière, à 25 °C au maximum.

Précautions : se conformer aux les prescriptions du mode d'emploi. Le catalyseur peut provoquer des brûlures : travailler avec des gants, porter un masque et des lunettes. La résine est sensible à l'humidité et à la température : travailler en ambiance sèche entre 15 et 25 °C.

Utilisations : inclusions, coulées de pièces transparentes, poignées de portes et de meubles, lampes, bijouterie, modélisme, statuaire, prototypes...

C'est un liquide visqueux plus ou moins transparent qui dégage une forte odeur due à son principal composant, le styrène. Ce « sirop » polymérise sous l'action d'un catalyseur et se transforme en un matériau très dur en dégageant de la chaleur. C'est en 1865 que la synthèse du styrène, du nom de l'arbre (le styrax) d'où il a été extrait pour la première fois, est réalisée. En 1935 débute la fabrication industrielle du polyester à partir de l'éthylène et du benzène. Ce produit se développe réellement à partir des années 1950. Les résines à base de polyester sont surtout employées pour les stratifiés composites avec de la fibre de verre, ou pour réaliser par coulée des objets opaques ou transparents.

La résine polyester transparente

Limpide et transparente, elle peut être teintée avec des pigments en poudre ou en pâte. Elle est destinée à être coulée en masse, de 5 mm jusqu'à 15 cm (au-delà, il faut procéder en plusieurs couches, voir page 66). L'échauffement pendant le durcissement de la résine est proportionnel aux masses coulées ; si elles sont importantes et coulées en une seule fois, il risque de se produire des fendillements. Si les épaisseurs sont mal réparties pour un même volume, la surface peut rester poisseuse (peau d'orange) aux endroits les plus fins. Enfin, un volume de résine ne durcit pas de la même manière s'il est coulé dans un moule large et plat ou concave et étroit[2]. Pour réussir, il faut tenir compte :

- de la forme du moule : les angles droits peuvent constituer des zones de craquelures ;
- de la répartition des masses : dans le cas d'une main, par exemple, les doigts peuvent être à peine gélifiés et poisseux alors que le poignet est fendu ;
- de la chaleur produite par le catalyseur : plus les épaisseurs sont grandes, plus l'échauffement est important et plus il faut réduire la dose de catalyseur ; plus les épaisseurs sont fines, plus l'échauffement est faible et plus il faut augmenter la quantité de catalyseur. Le résultat dépendra donc du rapport volume de résine/dose de catalyseur, de la température ambiante, de l'épaisseur du moule et de sa capacité à évacuer la chaleur.

Il faut souvent avoir recours à deux ou trois essais avant d'étalonner la quantité de catalyseur en fonction du moule et de la température ambiante.

2 Pour tous les problèmes qui peuvent se poser avec les résines, vous pouvez également consulter *le Moulage*, de P. Rosier, publié par Dessain et Tolra.

Quelques valeurs repères pour doser le catalyseur

(température ambiante : 20 °C)

Quantité de résine	**100 g**			**500 g**			**2 kg**		
Épaisseur	5 mm	2 cm	5 cm	5 mm	2 cm	5 cm	5 mm	2 cm	5 cm
Catalyseur	2,5 %	1 %	0,8 %	1,5 %	0,8 %	0,7 %	1 %	0,6 %	0,5 %

La résine polyester se rétracte de 3 à 5 % environ, ce qui entraîne un phénomène de « peau d'orange » en surface. Pour éviter cela, il faut chauffer le moule vide à environ 70 °C avant de couler la résine (ne jamais introduire de résine liquide dans une étuve ou un four, car elle est très inflammable) : la résine est alors « saisie » en surface et prend parfaitement l'empreinte avant le retrait. La chaleur du moule étant dans ce cas transmise à la résine, il faut diminuer la quantité de catalyseur. Les zones qui restent malgré tout poisseuses seront décapées à l'acétone en surface, puis on placera l'objet en étuve ou près d'une source de chaleur à 50 °C au maximum pendant quelques minutes.
On réalisera ensuite une finition traditionnelle avec un vernis polyuréthanne ou un ponçage à l'eau et un polissage.

Conseil

Le solvant idéal pour la résine liquide est l'acétone, notamment pour dissoudre les taches et nettoyer les pinceaux.
La résine transparente acceptant les charges et les colorants, vous pouvez y incorporer tous les matériaux inertes et exempts d'humidité : sable, coquilles d'huîtres, brique pilée, rouille, paillettes, cristaux, pâtes alimentaires, légumes secs, tissu, poudres métalliques…

La résine époxyde

La résine époxyde est un sirop liquide ou un mastic. Lorsque la résine et le durcisseur sont mélangés intimement, le temps de travail est de 15 à 40 min, le durcissement complet de, 12 à 16 h. Nettoyage des outils à l'acétone.

Conservation : 6 mois dans des pots fermés au frais (25 °C au maximum).

Précautions : se conformer aux prescriptions du mode d'emploi. Le durcisseur peut provoquer des brûlures : travailler avec des gants, porter un masque et des lunettes.

Utilisations : moulage d'ornements, poignées de meubles, décors d'embrase et de rideaux, glacis, vitrification de photos, de fleurs séchées, restauration de la porcelaine et du verre, collage.

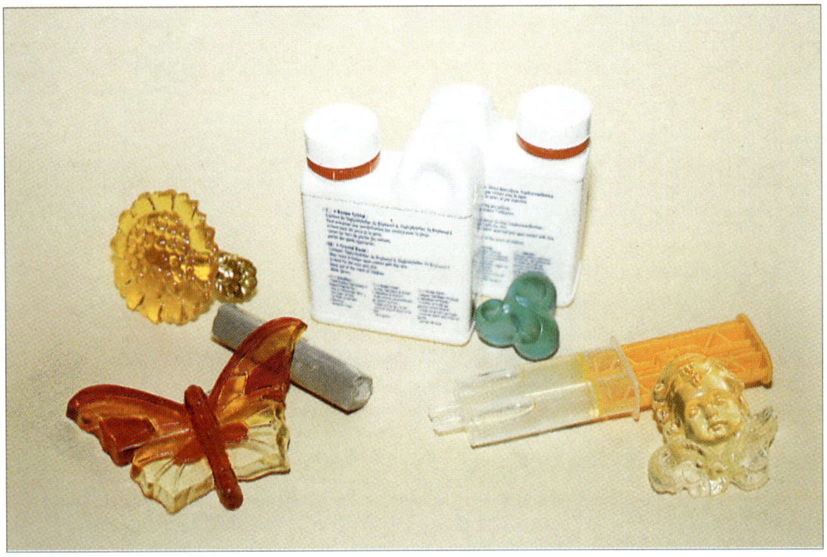

Issue de la réaction entre l'épichlorhydrine et le biphénol, la première production de cette résine date de 1946. La résine époxyde se distingue nettement de la résine polyester par le fait qu'elle ne dégage pratiquement pas d'odeur et que le retrait est négligeable ; les résistances mécaniques, chimiques et thermiques et le pouvoir d'adhérence sont également très supérieurs.

La résine époxyde cristal

Présentée en pots ou en seringues doseuse, cette résine imite la pâte de verre, le mélange des deux composants est facilité par un rapport de 1/1 ou 1/0,5. Elle peut être teintée dans la masse ou en surface avec des couleurs « vitrail » à solvant. Elle peut être coulée dans des moules thermoformées ou dans des moules en pâte à mouler au silicone préalablement enduits d'un film de vaseline. La prise lente permet de noyer une fixation métallique, vis, pince... Tant que la moulage n'est pas totalement durcit (12h) il reste souple, le sujet peut-être démoulé puis appliqué et maintenu sur une forme arrondie jusqu'au durcissement complet.

Le mastic époxyde

Présenté sous forme un ou deux boudins de pâte, ce mastic de couleur brune, blanche ou grise peut aussi être teinté avec des pigments. Après avoir prélevé et malaxé soigneusement deux quantités égales, le matériau durcit progressivement pendant quelques heures, jusqu'à devenir extrêmement dur. Il est très utile pour restaurer le bois, le métal ou encore la porcelaine, il peut aussi être employé pour faire des tirages par estampage dans des moules en plâtre ou en silicone, ou encore pour modeler des figurines.

La résine polyuréthanne

La résine polyuréthanne est de couleur blanche, ivoire, noire, ou plus généralement, jaune ; les deux composants liquides doivent être mélangés intimement et coulés aussitôt ; le temps de démoulage est de 15 à 30 min. Nettoyage des outils à l'acétone.

Conservation : 8 mois dans des pots fermés au frais (25 °C au maximum), à l'abri de l'humidité.

Précautions : le polyuréthanne étant nocif par inhalation et par contact, bien se conformer aux prescriptions du mode d'emploi. Travailler avec des gants, porter un masque et des lunettes.

Utilisations : moulage de figurines, modèles réduits, bijoux.

Les polyuréthannes sont très répandus : on en trouve sous forme de mousse souple ou rigide dans l'ameublement, l'automobile et l'électroménager, mais aussi de caoutchouc ou de résines pour des coulées rigides. Ces résines peuvent être utilisées dans des moules en plâtre, en élastomère de silicone et pour certaines dans des empreintes en alginate. La mise en œuvre est délicate, car les composants sont nocifs et doivent être manipulés avec précaution[3].

Résine polyuréthanne de coulage

C'est la plus couramment employée pour le coulage de figurines et de modèles réduits. Elle comprend deux composants très fluides à mélanger dans un rapport proche de 1/1. La coulée se fait par gravité directement contre une paroi du moule pour éviter la formation de bulles. Démoulable en quelques minutes, cette résine très réactive permet de réaliser les pièces fines et solides, des figurines et des modèles réduits, par exemple.
De couleur jaune, elle peut être teintée dans la masse avec des pigments ; on peut aussi y incorporer des charges (poudres de métal pour imiter le bronze, le laiton, le cuivre, etc.) ou des microsphères de verre creuses pour diminuer la densité et imiter un bois tendre, comme le tilleul, pour réaliser des statuettes ou des cadres.

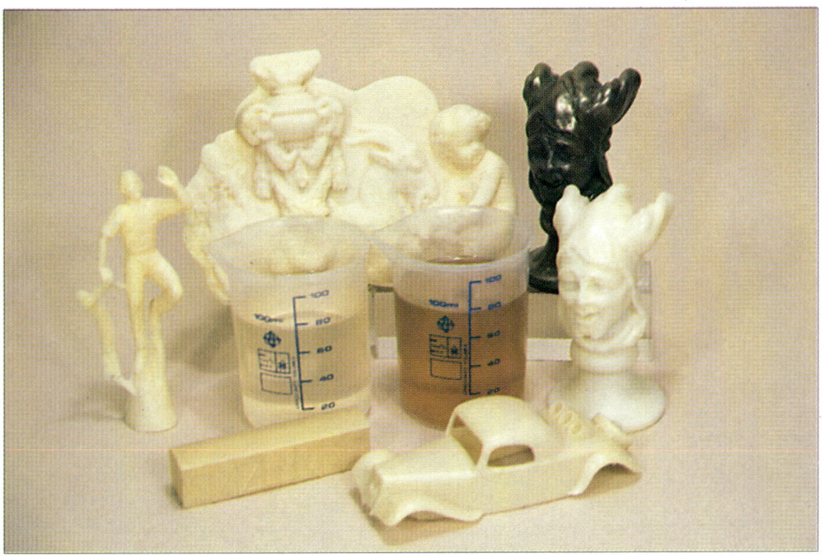

3 Vous pouvez consulter à ce sujet *le Moulage*, de P. Rosier, publié par Dessain et Tolra.

LES TRAVAUX PROPOSÉS DANS CET OUVRAGE NE SONT QUE DES SUGGESTIONS DESTINÉES À OUVRIR UN LARGE CHAMP D'EXPÉRIENCES OÙ VOUS POURREZ DONNER LIBRE COURS À VOTRE IMAGINATION. FAITES PREUVE D'OBSERVATION DANS LA RECHERCHE DES MODÈLES ET DANS LE RAPPROCHEMENT AVEC LA NATURE. DÉVELOPPEZ VOTRE CRÉATIVITÉ ET VOTRE HABILETÉ, DÉCOREZ LA MAISON, CRÉEZ LES OBJETS QUE VOUS SOUHAITEZ, FAITES DES CADEAUX...

2

Des créations faciles

Les moulages et matériaux traditionnels

Jusqu'à la seconde moitié du XXe siècle, les matériaux de moulage étaient peu nombreux. On utilisait l'argile, le plâtre, la cire, le latex et, dans une moindre mesure, la gélatine animale. Très faciles d'emploi et sans danger, ces matériaux demandaient néanmoins un savoir-faire et une dextérité à l'artisan mouleur quand il s'agissait de reproduire des statues très détaillées..

Le moulage à l'argile

En 1973, dans la grotte de Niaux, en Ariège, on a découvert la trace du pied d'un enfant d'environ 12 ans datant de 8 000 ans avant notre ère. Cet enfant a sans doute laissé volontairement son empreinte dans **l'argile**, car il a pris soin d'enfoncer et de retirer son pied verticalement en tassant la terre tout autour, ce qui a permis de bien détailler ses orteils. Qui d'entre nous n'a pas observé ses empreintes dans le sable, la terre ou la neige ?

Grâce à son extrême finesse, l'argile moule les détails les plus fins ; ses qualités plastiques permettent aussi de se jouer des petites rétentions qui font obstacle au démoulage. Elle doit être bien malléable, sans impureté, et ne pas être collante. Si l'on désire garder une empreinte en l'état, il faut employer l'argile dite autodurcissante qui

ne se fendille pas en séchant. L'empreinte pourra être présentée en creux, peinte, vernie ou patinée. En pressant à nouveau un matériau à l'intérieur, par exemple de l'argile autodurcissante, de la pâte d'amande ou de la pâte à sel, on obtiendra des tirages en relief consommables ou qui pourront décorer des encadrements, des appliques, des pots en grès… (page 53). Les empreintes réalisées en argile naturelle sont destinées à servir de moules : en coulant du plâtre sans attendre dans l'empreinte fraîche, on obtient un tirage parfaitement fidèle à l'original.

La prise d'empreinte

Deux méthodes sont possibles.

1 Le modèle à reproduire est enfoncé dans l'argile puis retiré verticalement.

C'est la technique la plus facile, mais on ne peut mouler qu'une face du sujet ; ce dernier ne doit pas comporter de rétention et est démoulé verticalement pour éviter d'endommager l'empreinte. En général, cette technique est employée pour faire des encadrements décoratifs ou des panneaux de toutes tailles. De nombreux artistes ont exploité ce moyen d'expression, à l'image du sculpteur Onyx de Vritz qui a réalisé une fresque de 50 m x 2 m, retraçant dans l'argile les empreintes de l'humanité du néolithique au premier pas sur la Lune. Une méthode consiste à travailler par thèmes, une autre, à jouer sur l'effet d'accumulation en alignant des empreintes identiques ; on peut aussi laisser des objets réels incrustés dans le plâtre à côté d'autres objets moulés.

2 L'argile est appliquée sur le modèle à reproduire.

Plus couramment appelée estampage par l'ensemble des professionnels, cette technique a surtout été utilisée jusqu'à la fin du XIXe siècle pour le moulage des statues en pierre. Elle est encore employée, en particulier pour mouler les statues classées qui risqueraient d'être endommagées par une matière synthétique. Du plâtre, de la pierre reconstituée ou de la cire peuvent être coulés à l'intérieur d'une empreinte en argile ainsi réalisée (page 36).

Le sculpteur Onyx de Vritz (49440 Candé) réalisant une fresque pour l'ENSAM d'Angers (photo Richard Lamoureux).

Quelques suggestions

La première idée qui vient à l'esprit est celle des empreintes des mains et des pieds mais d'autres thèmes peuvent vous inspirer.

- ***La nature :*** *les fossiles, les coquillages, l'écorce, les feuilles des arbres, les traces d'animaux, les fruits et les légumes dont la grande variété de textures peut être exploitée, par exemple sous forme d'une coupelle obtenue en pressant une plaque d'argile autodurcissante de 1 cm d'épaisseur entre deux feuilles de choux frisé (page 45).*
- ***L'artisanat :*** *chaque corps de métier a ses outils et ses ustensiles spécifiques.*
- ***Les accessoires de bureau :*** *cachets en relief, touches de machine à écrire, ciseaux, stylos, agrafeuse…*
- ***Les moyens de locomotion :*** *les semelles de chaussures, les pneus…*

Enfin, tout ce qui présente un relief pourra être transféré dans l'argile : clés, monnaies et médailles, bijoux, tissus, dentelles, jouets, minéraux, objets hétéroclites…

Réalisation d'un cadre

Technique par pressage

Un cadre, un miroir, une frise sont des éléments de décor importants. Leurs lignes attirent l'œil, soulignent et délimitent surfaces et volumes. Un cadre peut être constitué d'une simple semelle de bois décorée aux quatre coins d'un escargot ou d'un coquillage moulés en plâtre ou en argile autodurcissante. Il peut aussi être réalisé en plâtre par moulage selon le procédé de l'estampage dans l'argile.

Difficulté ♠

Temps ⏱ ⏱

Coût (1 symbole)

Fournitures

Argile naturelle, plâtre synthétique, démoulant au silicone, talc, bande de grillage

Les symboles du tableau ci-contre, utilisés pour préciser la difficulté, le temps et le coût de réalisation des modèles de cet ouvrage, sont définis à la page 96.

1 Préparez un cadre d'argile aux dimensions souhaitées et d'une épaisseur correspondant à la hauteur des coquillages ou autres objets que vous voulez reproduire.

2 Talquez les coquillages puis enfoncez-les dans l'argile.

3 Soulevez délicatement les coquillages ; éventuellement, laissez-en quelques-uns qui resteront incrustés dans le plâtre.

4 Placez sur le pourtour une bandelette d'argile ou un coffrage en carton pour contenir le plâtre. Vaporisez partout le démoulant au silicone.

Tirage en plâtre plein par coulage

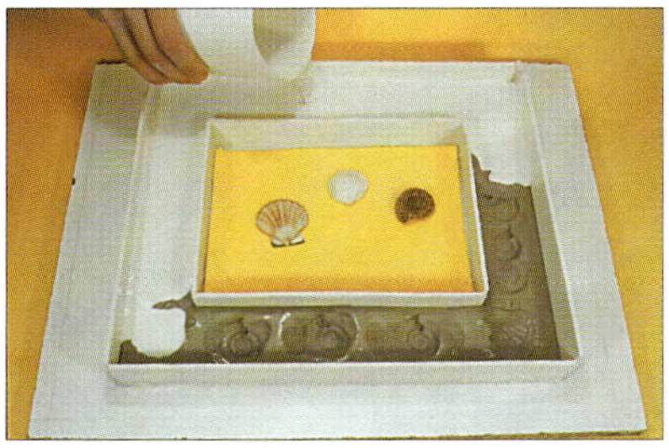

5 Préparez un plâtre onctueux (page18) et versez-le lentement dans le moule, en commençant par les points les plus creux. Noyez une bande de grillage pour renforcer l'ensemble.

6 Une fois le plâtre bien sec, retournez-le et démoulez en retirant l'argile qui a servi à faire l'empreinte. L'argile se décollera facilement en bandes.

7 Utilisez le cadre tel quel ou mieux, collez-le sur une semelle de bois avec de la colle Néoprène ou époxyde.

Décoration

Il n'est pas indispensable d'appliquer une couche d'apprêt si l'on utilise des couleurs acryliques prêtes à l'emploi pour le plâtre.

FOURNITURES
Peintures blanche et or à base d'acrylique, brosse et pinceau

1 Étalez une couche de blanc sur toute la surface du cadre.

2 Affleurez simplement la surface des volumes des coquillages avec une brosse ou un pinceau préalablement trempé dans la couleur or.

Moulage d'un bas-relief

Technique de l'estampage

1 Commencez par talquer puis par épousseter au pinceau toute la surface du modèle choisi.

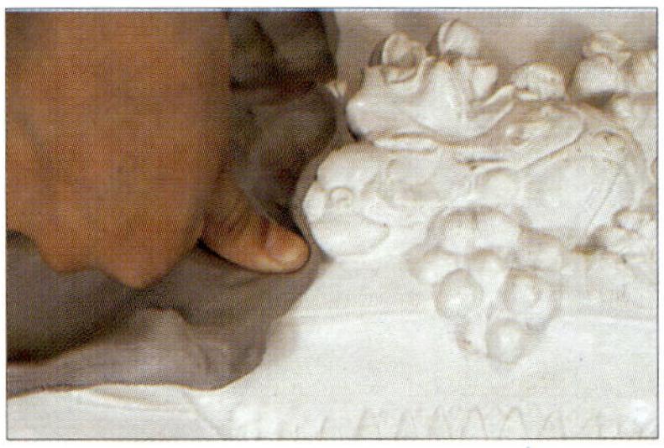

2 Malaxez l'argile, puis appliquez-la en commençant par le centre et en la repoussant vers l'extérieur. Recouvrez ainsi la surface d'une couche d'argile de 2 cm environ.

3 Marquez la croûte d'argile avec les doigts pour créer des rétentions.

4 Placez tout autour, et à 2 cm des bords, un petit coffrage en bois ou en carton de 2 ou 3 cm plus haut que l'argile.

5 Préparez un plâtre épais et déposez-le en une couche uniforme de 2 ou 3 cm sur toute la surface. Pour les grands moules, placez des tasseaux de bois avec des petits « polochons » de filasse pour renforcer le plâtre.

6 Retournez l'ensemble et démoulez en faisant levier dans un angle. La membrane en argile doit rester dans la chape de plâtre.

7 Reconstituez l'empreinte et atténuez avec le pouce ou une spatule en bois les éventuelles imperfections qui pourraient subsister, avant de vaporiser le démoulant au silicone.

Difficulté ♠

Temps ⏱

Coût

Fournitures

Argile naturelle, plâtre blanc, plâtre « terre cuite », démoulant au silicone, talc, tasseaux de bois, filasse

Tirage en plâtre « terre cuite »

8 Préparez un plâtre « terre cuite » liquide et remplissez l'empreinte. S'il s'agit d'une grande empreinte, attendez que le plâtre épaississe, puis imprimez le moule progressivement jusqu'à obtenir une couche uniforme de 2 ou 3 cm d'épaisseur. Laissez prendre cette première couche, puis mouillez abondamment avec de l'eau. Superposez enfin une deuxième couche de plâtre mélangé à de la filasse. (On obtient aussi un très bon résultat en utilisant du molleton trempé dans le plâtre.)

9 Attendez environ 2 h, puis démoulez en faisant levier pour dégager toute l'argile.

Patine

La belle couleur rouge du plâtre « terre cuite » peut être rehaussée par une patine ; l'opération, très simple, consiste à appliquer une encaustique composée de cire blanche (de type vernis Céronis) éventuellement additionnée d'une pointe de pigment foncé, qui restera dans les creux. Les parties saillantes sont ensuite frottées vigoureusement avec un chiffon doux. Si l'objet en plâtre est placé à l'extérieur ou dans un endroit humide, il est indispensable de lui faire subir un traitement imperméabilisant.

Fournitures
Cire à mouler blanche, essence de térébenthine, vernis à la cire ou encaustique, pigments

1 Faites fondre de la cire blanche au bain-marie ; hors du feu, ajoutez 15 % d'essence de térébenthine.

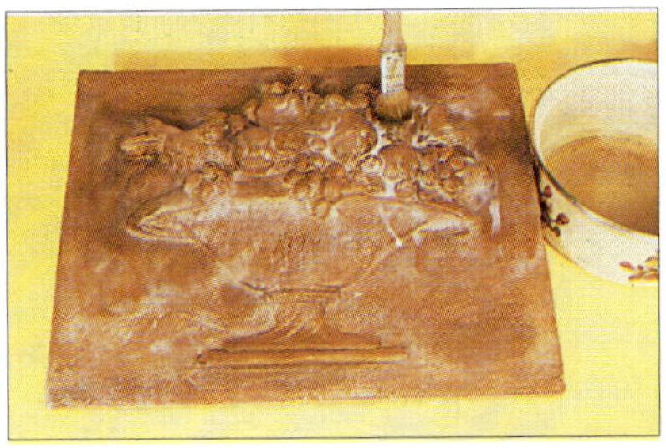

2 Réchauffez le mélange pour qu'il soit bien fluide et appliquez à la brosse en commençant par les points les plus hauts. Éventuellement, chauffez la surface avec un séchoir à cheveux pour bien faire pénétrer et éliminer les surcharges. Après séchage, lustrez avec un chiffon doux.

Le moulage au latex

Il est préférable d'employer des modèles en plâtre, car la porosité de ce matériau favorise l'absorption de l'eau et facilite la prise du latex. Si le modèle est en plâtre brut, aucune préparation n'est nécessaire ; s'il est verni ou constitué d'un matériau sec et non poreux, il faut soigneusement le dégraisser à l'alcool. Les deux méthodes qui permettent de réaliser des moules en latex sont le moulage au trempé et l'estampage au pinceau. Dans un moule en latex, on peut réaliser des épreuves en plâtre, en cire ou en pierre reconstituée.

Attention

Ne travaillez jamais le latex avec un outil métallique et ne l'appliquez pas sur du cuivre, car il s'ensuit une réaction chimique incompatible.

Moulage d'une pièce d'échecs Technique du moule au trempé

1 Pour faciliter le démoulage, le modèle que vous aurez choisi doit comporter un socle plus large que sa base.
Si ce n'est pas le cas, collez un petit talon de plâtre ou de bois et fixez-y un fil ou une vis pour pouvoir suspendre l'ensemble.

2 Trempez le sujet complètement et en une seule fois dans le latex, sortez-le et laissez égoutter quelques instants.

3 Renouvelez l'opération en laissant cette fois le modèle immergé quelques minutes. Sortez-le et laissez égoutter. Procédez ainsi 3 ou 4 fois jusqu'à obtenir une épaisseur de latex de 1,5 mm environ.

4 Laissez bien sécher le latex (environ 12 h) ; vous pouvez accélérer la prise en plaçant l'ensemble près d'un radiateur ou en employant un séchoir à cheveux.

5 Talquez le latex pour ne pas qu'il colle sur lui-même et démoulez en retroussant la membrane comme une chaussette.

Difficulté ♠
Temps ⏱ ⏱ ⏱
Coût 🪙
Fournitures
Latex, talc, carton, plâtre noir

Tirage en plâtre noir

6 Le moule en latex terminé, commencez par préparer un support dans une plaque de carton en perçant un trou d'un diamètre légèrement inférieur à la base du moule. Vous y glisserez le moule avant de le remplir totalement afin de le maintenir sur un verre.

7 Préparez un plâtre onctueux, versez-en un peu dans le moule et faites rouler le moule entre les doigts pour bien chasser les bulles. Glissez le moule avec précaution dans le support en carton que vous avez préparé et remplissez-le en entier de plâtre.

8 Posez ensuite l'ensemble (socle et moule plein) sur un verre haut. Si le plâtre est trop lourd et fait gonfler le moule, versez un peu d'eau dans le verre pour exercer une pression régulière sur toute sa surface et éviter ainsi les déformations.

9 Laissez durcir le plâtre 2 ou 3 h et démoulez en retroussant le latex. Lustrez avec un chiffon sec et un peu d'encaustique.

Moulage d'un bas-relief en plâtre

Technique de l'estampage sous chape

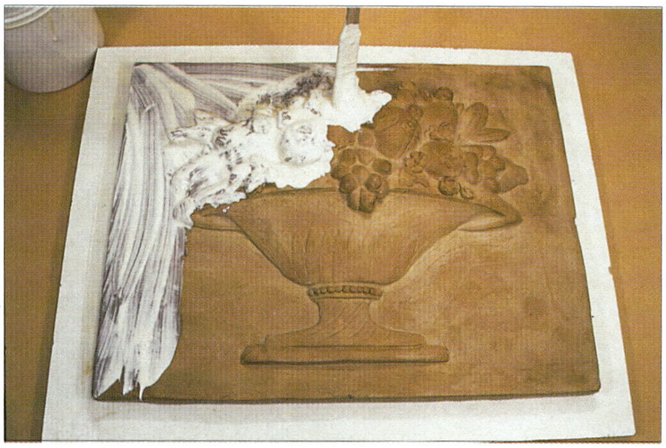

1 Appliquez au pinceau une première couche de latex sur toute la surface du bas-relief.

2 Laissez sécher environ 1 h, puis appliquez une autre couche en posant des petits coupons de verranne (ou de tissu élastique) que vous imbiberez de latex.

3 Laissez sécher 24 h.
La membrane souple ainsi réalisée se déforme sous la pression lors du tirage.
Il faut la contenir dans une coque rigide, que vous pouvez réaliser en plâtre (page 46) ou en bandes plâtrées.

4 Appliquez un peu de vaseline sur la surface du latex.

5 Posez 4 à 5 épaisseurs de coupons de bandes plâtrées de 5 x 5 cm, trempés dans l'eau tiède et essorés.

DIFFICULTÉ ♠ ♠
TEMPS ⏱ ⏱
COÛT
FOURNITURES
Latex « gel », verranne, plâtre ou bandes plâtrées, pierre reconstituée, vaseline, démoulant au silicone

6 Après la prise, démoulez en introduisant une lame et en faisant levier, puis retroussez la membrane de latex en la soulevant par un bord.

7 Nettoyez la membrane de latex et replacez-la dans la chape.
Ce procédé peut aussi être employé pour réaliser des tirages en latex en relief dans un moule en plâtre. Les éléments décoratifs (panneaux, frises, etc.) ainsi obtenus sont souples et légers, ils peuvent être collés ou agrafés pour s'adapter à toutes les surfaces planes ou courbes.

8 Vaporisez ensuite un démoulant au silicone dans l'empreinte en latex avant de commencer le tirage.

Tirage en pierre reconstituée

9 Préparez la pierre reconstituée en mélangeant la poudre et l'eau (page 20). Malaxez bien la pierre liquide, puis coulez dans l'empreinte. S'il s'agit d'un grand moule, intercalez un grillage en plastique ou métallique entre deux couches de pierre pour renforcer l'ensemble.

10 Après 3 ou 4 h, retournez l'ensemble, démoulez la chape en faisant levier et retroussez la membrane de latex. Laissez sécher à l'air libre ou près d'une source de chaleur.

Patine

Fournitures

Acide chlorhydrique, huile de lin, essence de térébenthine, pigments

1 Pour faire apparaître le grain de la pierre, frottez avec une brosse métallique ou appliquez une solution d'acide chlorhydrique et d'eau, en travaillant à l'extérieur pour ne pas respirer les vapeurs. Stoppez la réaction avec de l'eau claire dès que l'effet recherché est obtenu.

2 Mélangez l'huile de lin avec 20 % d'essence de térébenthine, ajoutez des pigments et appliquez sur la pierre au pinceau.

Le moulage à la cire

Moulage d'un poivron

Technique du moule au trempé

1 Préparez deux récipients en métal, en verre ou en matière plastique pouvant contenir le poivron ; l'un des deux doit pouvoir résister à une température de 80 °C.

2 Faites fondre la cire au bain-marie, incorporez le colorant ou le pigment, mélangez et versez dans le récipient résistant à la chaleur.

3 Graissez bien le poivron avec le démoulant au silicone ou avec de l'huile.

4 Immergez le poivron dans la cire chaude. Sortez-le aussitôt, laissez égoutter et plongez-le dans l'eau froide pour saisir la cire.

5 Plongez la queue dans la cire chaude en tenant le poivron par le bas. Répétez l'opération plusieurs fois pour obtenir une épaisseur de cire de 8 mm environ sur toute la surface, et laissez refroidir dans l'eau.

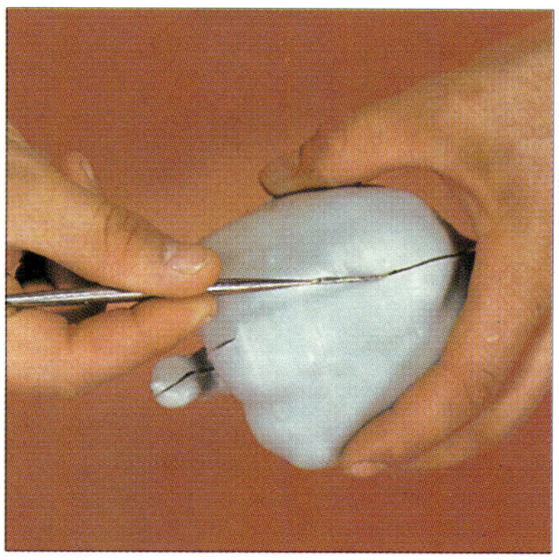

6 Pour démouler, coupez la cire avec un cutter sans entamer le poivron ; la cire encore tiède autorise le démoulage même s'il subsiste des contre-dépouilles.

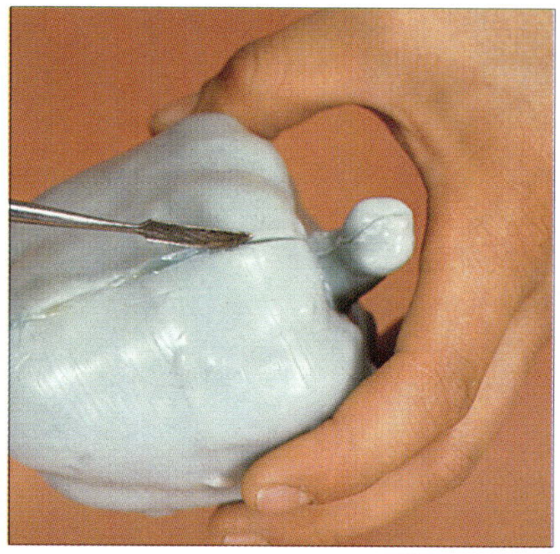

7 Renforcez la queue du poivron en y adaptant un fil de fer, ressoudez les pièces bord à bord à l'aide d'une spatule chaude et percez un trou de coulée de 1 cm de diamètre à la base du poivron. Le moule ainsi reconstitué est prêt pour recevoir le matériau de tirage : plâtre, résine, cire ou pierre reconstituée.

Difficulté ♠ ♠

Temps ⏱

Coût 🪙

Fournitures

Cire à mouler, plâtre, argile, démoulant au silicone, colorants à bougie ou pigment, fil de fer

Tirage creux en plâtre

8 Préparez un plâtre épais mais encore coulant et remplissez-en à demi le moule.

9 Bouchez l'orifice de coulée avec de l'argile, puis tournez le moule en tous sens dans un mouvement circulaire pour que le plâtre se dépose sur la paroi en une couche uniforme.

10 Laissez bien durcir le plâtre, puis décollez les deux moitiés du moule. Enlevez les petites bavures. Reconstituez à nouveau le moule pour le tirage suivant.

Ce procédé évite la formation de bulles d'air et permet d'obtenir un tirage creux, consommant moins de plâtre et donc moins lourd.

Décoration

Fournitures
Vernis à la gomme-laque, pigments

Mélangez le vernis avec les pigments très concentrés et appliquez trois ou quatre couches en laissant sécher complètement chacune d'entre elles. Vous pouvez remplacer le vernis par deux couches de peinture acrylique décors brillante (page 88).

Les moulages et matériaux d'aujourd'hui

L'ARRIVÉE DES MATÉRIAUX DE MOULAGE MODERNES, COMME LES ALGINATES, LES ÉLASTOMÈRES DE SILICONE OU LES RÉSINES A TOTALEMENT BOULEVERSÉ LES TECHNIQUES TRADITIONNELLES. TOUT CE QUI NE BOUGE PAS PENDANT LA PRISE (5 MIN POUR UN ALGINATE, PAR EXEMPLE) PEUT ÊTRE REPRODUIT. CHACUN POURRA SANS DIFFICULTÉ MOULER UNE MAIN, UN FRUIT, UN COQUILLAGE... ET LES DUPLIQUER DANS DIVERS MATÉRIAUX.

Les moulages de coquillages, de poissons ou de crabes sont originaux et spectaculaires. Une petite coquille Saint-Jacques devient un motif répétitif autour d'un cadre, un oursin ou une étoile de mer se métamorphosent en photophore ou en poignée de meuble. Les fruits de mer et tous les poissons peuvent être moulés ; le pêcheur se fait souvent photographier avec sa prise, il pourra désormais en conserver une copie en trois dimensions. Sur des sujets fragiles comme les poissons et les fruits de mer, les empreintes sont prises à l'alginate puis remplies de plâtre. On peut ensuite réaliser un moule en latex ou en élastomère de silicone permettant de couler plusieurs exemplaires en plâtre ou en résine. Sur des sujets plus résistants comme les oursins, les étoiles de mer ou les coquillages, il est possible d'exécuter directement un moule en élastomère de silicone (page 64).

Les empreintes du marché

Un très célèbre décorateur de cinéma français m'a souvent confié que se promener sur les marchés lui procurait beaucoup de plaisir et nourrissait son inspiration. Chaque saison apporte de nouvelles raisons de se réjouir : les couleurs, les formes, la lumière... rien de tout cela ne peut laisser indifférent.- Pour les mouleurs en herbe ou confirmés, c'est une inépuisable source d'inspiration : les légumes frais et poissons sont autant de formes et de textures, autant de prétextes pour imiter la nature tout en la découvrant et étonner son entourage par une décoration originale. Ces moulages sont aussi de bons sujets pour s'exercer à peindre et à produire des objets saisissants de vérité.

La reproduction des végétaux est délicate, car le produit de moulage doit prendre vite, être précis et ne pas agresser les surfaces. La cire travaillée au trempé est un très bon matériau (page 42), mais c'est en général l'alginate qui convient le mieux. On emploie ce dernier par immersion (moulage en bateau) ou par estampage avec une coque de bandes plâtrées, l'empreinte étant conçue en une ou deux parties.

Quelques suggestions

Choisissez de préférence des sujets caractéristiques aux formes bien reconnaissables :

• l'ananas que l'on peut monter en lampe, la pomme que l'on peut croquer ou couper en quartiers au préalable, la poire, la banane, l'orange, le citron, les fraises, les framboises et les mûres, les noix, les marrons, etc. ;

• les citrouilles et coloquintes, le choux, les piments, les poivrons, le maïs, les petits légumes (tomate, carotte, aubergine, champignons...) ;

• les fruits exotiques, les poissons aux couleurs vives (carpe, rouget, bar, truite), les crabes et fruits de mer...
Tout peut être moulé avec l'alginate, même le pain et les gâteaux.

Moulage d'une coupe de fruits

Technique de l'estampage avec l'alginate

1 Disposez les fruits en une composition harmonieuse dans une coupe ou une assiette, puis préparez un alginate assez épais et étalez-le en commençant par les points les plus hauts.

2 À mesure que l'alginate coule le long des fruits, remontez-le jusqu'à ce qu'il commence à se gélifier. Formez ainsi une couche régulière en évitant de créer des manques.

3 Quand l'alginate est pris, posez deux ou trois couches de bandes plâtrées comme suit : découpez des coupons de 5 à 10 cm de long, trempez-les dans l'eau, essorez-les et étalez-les sur l'alginate en les faisant se chevaucher.

4 Laissez prendre les bandes plâtrées, retournez l'ensemble et retirez la coupe en faisant levier.

5 Dégagez délicatement avec la main ou avec une spatule les fruits restés emprisonnés dans l'alginate.

Difficulté ♠ ♠ ♠

Temps ⏱ ⏱

Coût 🪙 🪙

Fournitures

Alginate, bandes plâtrées, plâtre, démoulant au silicone, fil de fer

Tirage en plâtre

6 Préparez l'empreinte comme indiqué page 21. Calez bien la membrane en alginate dans la chape de bandes plâtrées et placez du fil de fer dans les tiges des gros fruits pour les renforcer.

7 Préparez un plâtre assez liquide et versez-le lentement contre les parois. Attendez que le plâtre commence à se gélifier et remplissez les cavités avec une spatule.

8 Graissez la coupe avec le démoulant au silicone (ou de la vaseline) et replacez-la sur le moule en appuyant légèrement pour qu'elle chasse le plâtre en excédent.

9 Pour démouler, décoffrez la chape, puis décollez ou découpez l'alginate autour de chaque fruit de plâtre. Ébarbez les éventuelles bavures et laissez sécher à l'air libre.

Décoration

1 Commencez par les fonds en appliquant les teintes les plus claires directement sur le plâtre bien sec.

2 Procédez par couches successives en dégradé de couleurs. À l'aide d'un pinceau pointu, peignez les détails les plus fins (points jaunes sur les fraises, etc.).

3 Laissez sécher, puis posez la touche finale en faisant briller les parties rebondies des fruits avec un vernis à la cire.

Fournitures
Peintures acryliques « décors », vernis à la cire

Pour reproduire les nuances subtiles des fruits, il est indispensable d'utiliser des couleurs miscibles entre elles.

Moulage d'un poisson

Technique du moule en bateau en une partie avec l'alginate

Ici, le poisson est moulé sur une seule face, solidaire du fond qui forme le support. Pour le mouler en entier, procédez en deux parties comme pour l'ananas (page 50).

1 Façonnez un coffrage en bois ou en carton plus haut de 2 ou 3 cm que le poisson.

2 Fixez le coffrage avec du ruban adhésif sur une plaque de bois verni, de verre ou de carton, recouverte d'une feuille de Rhodoïd ou d'un film plastique. Posez le poisson en dépliant les nageoires.

3 Préparez l'alginate, appliquez une première couche très délicatement.

4 Coulez ensuite le reste de l'alginate jusqu'au bord du coffrage.
Si vous voulez mouler un grand poisson, et consommer moins d'alginate, procédez par estampage comme en page 46.

5 Dès que l'alginate est pris, retournez l'ensemble et retirez la plaque du fond avec le film plastique. Découpez délicatement l'alginate autour du poisson, juste assez pour permettre de l'extraire en prenant soin de ne pas endommager l'empreinte. Débarrassez le moule de toutes les impuretés qui pourraient subsister.

DIFFICULTÉ ♠ ♠
TEMPS ⏱ ⏱
COÛT 🪙 🪙
FOURNITURES
Alginate, plâtre, support (voir texte), fil de fer

Tirage en plâtre

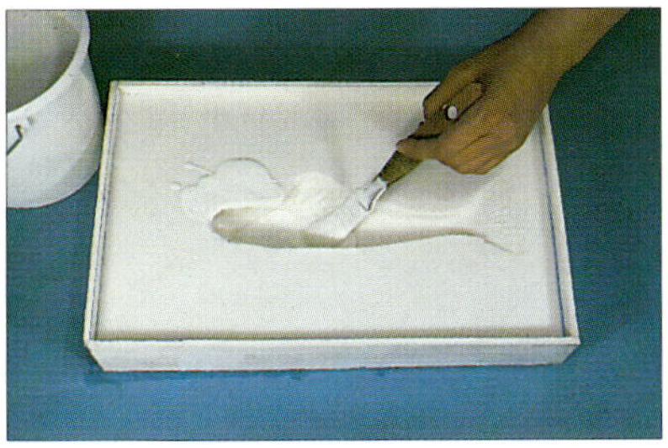

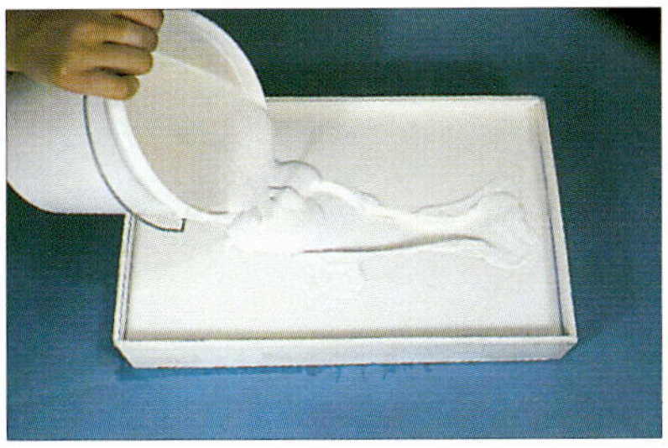

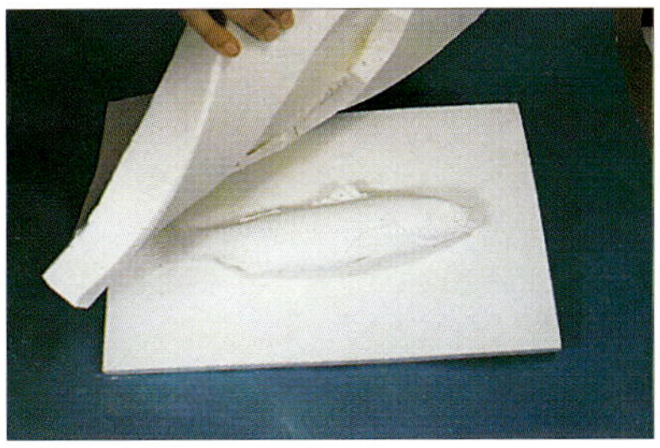

6 Préparez l'empreinte comme indiqué page 21, puis calez-la bien à plat sur une table. Appliquez une première couche de plâtre au pinceau sur toute la surface, en insistant dans les détails pour chasser l'air.

7 Versez le plâtre restant, glissez un morceau de fil de fer recourbé dans le plâtre frais pour former une boucle d'accrochage et laissez prendre.

8 Quand le plâtre est bien dur, retournez l'ensemble, démoulez et éliminez les bavures. Laissez bien sécher l'ensemble.

Décoration

1 Ce poisson étant en plâtre blanc, appliquez simplement une couche de peinture à l'huile argentée sur toute la surface.

2 Essuyez la couleur avec un coton sur toutes les surfaces qui doivent rester blanches pour faire réapparaître le plâtre.

3 Dès que la première couche est sèche, appliquez un mélange de brun et de noir sur les nageoires. Essuyez la brosse et passez vite sur l'ensemble du poisson avec ce mélange.

4 Peignez l'œil puis les touches de couleur rose sur les nageoires, le ventre et la bouche. Laissez sécher, puis passez un vernis brillant en aérosol.

Fournitures

Peintures huile et alkyde couleur nacrée et argentée, essence de térébenthine, vernis à tableaux brillant en aérosol

MOULAGE D'UN ANANAS **Technique du moule en bateau en deux parties**

Le moulage en bateau en deux parties nécessite un coffrage adapté à l'objet à mouler.

1 Découpez un rectangle de Rhodoïd et posez de l'adhésif pour former un tube d'un diamètre de 2 ou 3 cm plus grand que celui de l'ananas et d'une hauteur égale à la moitié du fruit.

2 Préparez un deuxième tube plus haut de 5 cm que l'ananas et légèrement plus large pour que le premier tube s'emboîte à l'intérieur.

3 Dans du carton, découpez un rond de la taille du tube le moins grand, enfoncez ce disque de carton dans le tube et posez du ruban adhésif tout autour pour former un récipient solidaire et étanche.

4 Emboîtez ensuite la pièce de carton évidée à 1 cm du bord supérieur du tube pour éviter que le coffrage ne se déforme sous la pression une fois que vous commencerez le moulage.

5 Préparez l'alginate et remplissez le récipient aux deux tiers. Badigeonnez ensuite la base de l'ananas avec de l'alginate.

6 Plongez-le dans le récipient jusqu'à ce que l'alginate arrive au bord du tube ; maintenez-le ainsi à 1 ou 2 cm du fond jusqu'à la prise en gel.

7 Quand l'alginate est pris, coupez nettement le bord et marquez tout autour du fruit, sur le dessus du moulage, un repère en forme de canal avec une mirette.

8 Emboîtez le deuxième tube sur le premier et placez du ruban adhésif tout autour pour rendre l'ensemble bien étanche.

9 Préparez à nouveau de l'alginate et coulez-le sur la préparation en recouvrant totalement l'ananas.

10 Quand cette deuxième coulée d'alginate est prise, démoulez en écartant les deux parties du moule.

DIFFICULTÉ ♠♠
TEMPS ⏱⏱
COÛT ●●
FOURNITURES
Alginate, plâtre, feuille de Rhodoïd, carton

Tirage en plâtre

11 Préparez l'empreinte comme indiqué page 21. Percez un trou dans l'alginate à la base de l'ananas et refermez le moule. Placez du ruban adhésif sur la jointure des deux tubes en Rhodoïd. Coulez le plâtre par le trou jusqu'au bord.

12 Retirez le ruban adhésif et démoulez délicatement pour ne pas endommager le moule. Laissez bien sécher le plâtre, percez un trou sur le sommet, emboîtez et collez la tige filetée qui supporte la douille et l'abat-jour.

Cet étonnant pied de lampe peut ensuite être moulé avec de l'élastomère de silicone puis reproduit en plusieurs exemplaires en plâtre ou en résine polyester (pages 62). Toutes les variantes sont possibles.

Décoration

1 Appliquez l'assiette tiédie au bain-marie avec un pinceau sur toute la surface de l'ananas.

2 Laissez bien sécher et appliquez une couche uniforme de mixtion.

Fournitures
Assiette Fontenay, mixtion à dorer à l'eau, feuilles de cuivre, crème à dorer, vernis à la gomme-laque

3 Dès que la mixtion devient transparente, posez la feuille de cuivre et tamponnez avec un coton ou une brosse ; lissez ensuite avec un pinceau en retirant l'excédent.

4 Patinez avec quelques touches de crème à dorer plus foncée dans les creux.

5 Frottez avec un tampon de coton pour user la dorure et faire apparaître très légèrement l'assiette sur les parties saillantes.

6 Fixez avec une fine couche de vernis à la gomme-laque.

Les empreintes de la forêt

La forêt est un inépuisable réservoir d'émerveillement et d'idées de moulages. L'écorce et les feuilles des arbres, les champignons, les traces d'animaux sont propices à l'observation, à la création, à la découverte et à la collection. Symbole de longévité, l'arbre peut vivre plus de 5 000 ans, mesurer plus de 100 m, peser plusieurs milliers de tonnes. Objet de croyances, de vénérations et de coutumes, il représente aussi la mémoire et le lien avec le passé, le trait d'union entre la terre, l'enfer et le ciel : arbre de vie et de la connaissance du jardin d'Éden, arbre des druides, arbre de Noël...

À qui sait l'observer, le planter, lui parler, l'arbre enseigne la forme, la couleur, l'espace, et révèle le sens de la vie. Capable de s'adapter à son milieu et au rythme des saisons, il s'enracine profondément pour résister aux intempéries et puiser dans le sol sa nourriture, tandis que sa cime se dresse le plus haut possible pour que chacune de ses feuilles s'oriente et croisse avec la lumière, source de son développement. Taille et orientation des racines, du tronc, des branches, des feuilles, chaque partie de l'arbre pousse en fonction de son environnement, des obstacles du sol et de son exposition aux éléments. Chaque branche détermine son parcours en fonction de la branche voisine et dépend par conséquent de toutes les autres ; il en va de même pour chaque arbre, fruit de la logique inéluctable d'un équilibre sans cesse en mouvement.

Le moulage des traces

Domestique ou sauvage, un animal est trahi par ses empreintes dans la terre des chemins. Il est simple de relever un moule de ces traces et d'apprendre à reconnaître leur propriétaire. C'est un thème de collection inépuisable et instructif autant qu'un but de promenade champêtre. Chaque animal, même l'oiseau, a des habitudes et un territoire ; il repasse souvent au même endroit, tels le lièvrc ou le chevreuil dont on dit qu'ils peuvent revenir chaque jour et presque à la même heure sur le même lieu. Si vous avez la chance d'apercevoir un chevreuil dans la nature, attendez-le le lendemain, il sera sûrement fidèle au rendez-vous.

Moulage d'une empreinte de chevreuil

1 Choisissez la trace la plus fraîche et la mieux dessinée. Époussetez-la très légèrement avec un pinceau pour retirer les corps étrangers.

2 Placez un coffrage de bristol ou de Rhodoïd d'environ 5 cm de hauteur tout autour, en le refermant avec un trombone.

3 Préparez un plâtre pas trop épais et versez-le lentement pour remplir le coffrage.

4 Attendez 15 min avant de démouler en soulevant.

5 Le lendemain, brossez le plâtre sous l'eau pour le débarrasser de toute la terre.

MOULAGE D'UNE POMME DE PIN Réalisation d'une bougie

L'alginate ne permet de réaliser que deux ou trois tirages en cire ou en plâtre. Pour produire un plus grand nombre d'exemplaires dans les mêmes matériaux ou en résine, utilisez de l'élastomère de silicone (page 59) en procédant de la même manière.
Ces pommes de pin décoreront une table de fête ou exhaleront leur parfum pendant plusieurs mois dans les armoires.

DIFFICULTÉ ♠

TEMPS

COÛT

FOURNITURES

Alginate, cire ou plâtre, coffrage (voir texte 1 et 2), colorant, huile essentielle ou parfum, mèche à bougie, fil de fer

1 Choisissez une pomme de pin fermée. Fixez-la avec de la colle ou un adhésif double face au fond d'une bouteille en plastique coupée ou dans un petit coffrage de Rhodoïd ou de carton.

2 Préparez l'alginate et remplissez le coffrage jusqu'au bord.

3 Découpez le coffrage, puis démoulez en coupant l'alginate jusqu'à ce qu'il soit possible d'extraire la pomme de pin.

4 Replacez le moule dans le coffrage maintenu avec du ruban adhésif.

Tirage en cire

5 Placez la mèche à bougie en perçant le haut du moule, puis faites-la ressortir à l'autre extrémité en la maintenant au centre avec un fil de fer.

6 Faites fondre la cire au bain-marie, ajoutez quelques gouttes d'huile essentielle et le colorant, mélangez et versez dans le moule.
Vous pouvez remplacer la cire par du plâtre, en ajoutant l'huile essentielle et le colorant à l'eau de gâchage.

7 Laissez refroidir et démoulez.

Moulage de fossiles et minéraux

Au cours d'une promenade au pied des falaises ou dans les cailloux, on découvre souvent des fossiles, témoins de la vie sur terre il y a plusieurs millions d'années. Les plus connus sont les ammonites, dont on trouve des spécimens de toutes tailles ; certaines d'entre elles sont intactes et méritent d'êtres reproduites. On peut utiliser l'alginate pour obtenir un ou deux exemplaires en plâtre, mais dès lors qu'on désire plusieurs exemplaires, l'élastomère de silicone s'impose.

De la même façon, les cristaux aux constructions en volume caractéristiques et en dehors du temps, tels le quartz, l'améthyste, la pyrite, sont très spectaculaires et donnent de très bons résultats s'ils sont moulés avec de l'élastomère de silicone et tirés en résine polyester transparente.

Le moulage est souvent utilisé par les laboratoires de recherche ou par les musées pour reproduire des fossiles, ce qui peut prendre des proportions impressionnantes lorsqu'il s'agit, par exemple, d'os de dinosaures ! C'est l'élastomère de silicone, employé par coulée ou par estampage avec une coque de plâtre ou de bandes plâtrées, qui est le matériau privilégié (pages 57, 62).

MOULAGE DE L'ÉCORCE ET DU FRUIT DU CHENE

Prise d'empreinte avec la pâte à modeler

1 Talquez la portion d'écorce à mouler et appliquez la pâte à modeler en pressant avec la main. Appuyez pour bien faire pénétrer dans les anfractuosités.

3 Talquez les glands et enfoncez-les à moitié dans la plastiline, puis retirez-les ; posez la feuille de chêne et appuyez, puis soulevez la feuille et vérifiez que l'empreinte est transférée.

4 Formez un coffrage autour de l'empreinte avec un bourrelet de pâte ou avec du carton. Coulez du plâtre ; laissez prendre et démoulez.

2 Décollez l'empreinte à partir d'un angle et posez-la à plat.

DIFFICULTÉ ♠
TEMPS
COÛT
FOURNITURES
Pâte à modeler ou argile autodurcissante, plâtre, talc

Ce moulage peut être simplement lustré avec du talc, patiné avec du vernis à la gomme-laque et des pigments ou peint avec de la peinture acrylique ou à l'huile.

Prise d'empreinte d'une feuille avec l'argile autodurcissante

Moulez de suite avec la pâte à mouler au silicone ou laissez sécher et vernir, ou encore, appliquer sur une jardinière puis coller avec de la colle forte une fois sec.

1 Formez une plaque d'argile de 5 mm d'épaisseur, posez la feuille et appliquer avec le pouce. Découpez le tour de la feuille avec une spatule.

2 Soulevez délicatement la feuille, l'empreinte est transférée.

Les moules en élastomere de silicone (RTV)

Grâce à sa souplesse et à sa précision, ce matériau permet de tout reproduire sans peine, quelles que soient les difficultés. Trois techniques sont couramment employées : le moule en bateau, le moule à membrane estampée sous chape et le moule à membrane coulée sous chape. Cette dernière technique permet de réaliser beaucoup de tirages. Dans un moule en RTV silicone, on peut couler du plâtre, des résines et du métal à bas point de fusion.

Moulage d'une feuille en argile avec la pate à mouler au silicone

1 En fonction des formules, prélever deux parts égales ou mélanger la pâte avec son catalyseur. Pétrir 1 minute et appliquer directement en une couche uniforme de 3 à 4 mm d'épaisseur.

2 Avant le coulage du plâtre, talquer légèrement le moule ou appliquer un léger film de vaseline dans le cas de l'utilisation d'une résine de coulée.

3 Avant la prise complète, noyer une fixation, pince, attache rapide ou ruban,

4 Attendre la prise complète, et démouler.
Recommencer l'opération autant de fois que désiré, décorer ensuite les moulages.

Conseil

Dans le cas d'une forme ronde (coquillage en forme d'escargot par exemple) ménager un petit socle plat en aplatissant la pâte sur le sommet du moule.
Dans le cas d'une forme plate (étoile de mer, feuille) appliquer une couche de vaseline sur la surface du caoutchouc et poser deux ou trois épaisseurs de bandes plâtrées.

TRANSFÉRER UN ORNEMENT (suite de la page 17)

1 Déformer et ajuster l'ornement sur la moulure.

2 Retirer l'ornement de la moulure, remplir le moule avec la plâtre et le remettre en place en le maintenant avec un ruban adhésif.

3 Attendre la prise et démouler, décorer l'ornement.

MOULAGE D'UNE ÉTOILE DE MER

Technique du moule en bateau

1 Fixez l'étoile de mer sur une plaque de bois ou de carton avec de l'adhésif double face.

2 Collez un petit coffrage étanche, plus haut de 1 cm que l'étoile.

3 Appliquez au pinceau une couche d'alcool polyvinylique.

DIFFICULTÉ ♠
TEMPS ⏱ ⏱
COÛT 🪙 🪙 🪙
FOURNITURES
Élastomère de silicone, alcool polyvinylique, plaque de bois ou carton

4 Mélangez l'élastomère de silicone avec son catalyseur en suivant les indications techniques de la page 25.

5 Coulez dans un angle jusqu'à ras bord en formant un long filet pour permettre aux bulles d'air d'éclater.

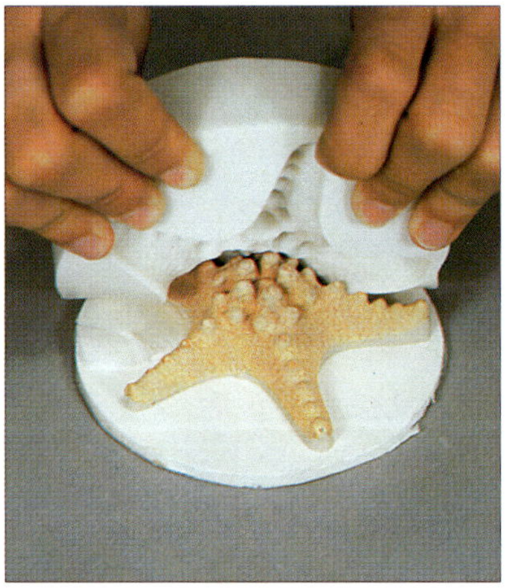

6 Laissez prendre 12 h et démoulez en retournant l'élastomère. Coulez du plâtre ou de la résine (page 67).

MOULAGE D'UNE FIGURINE Technique du moule en bateau coupé

1 Fixez le sujet sur une plaque de bois ou de carton.

2 Appliquez au pinceau une couche de cire de démoulage.

3 Placez tout autour un coffrage en Rhodoïd, argile ou carton.

4 Préparez l'élastomère de silicone en mélangeant la base et le catalyseur. Appliquez une première couche au pinceau pour réduire la formation de bulles d'air.

DIFFICULTÉ ♠
TEMPS ◷ ◷
COÛT
FOURNITURES
Élastomère de silicone, cire de démoulage, résine polyuréthanne, plaque de bois ou carton, coffrage (voir texte)

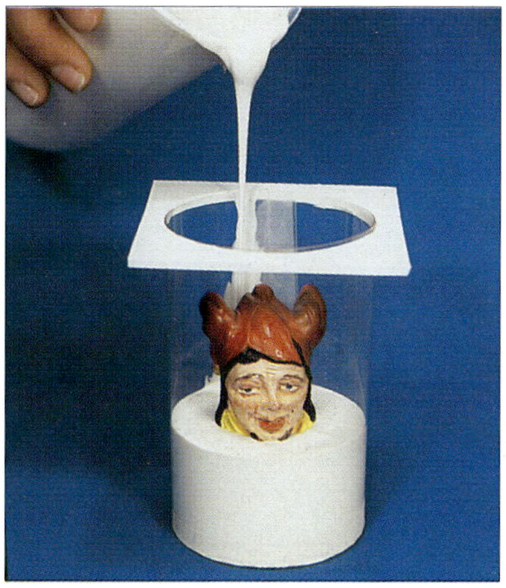

5 Coulez la préparation dans le coffrage en un filet très fin pour permettre aux bulles d'air d'éclater avant que l'élastomère touche le modèle. (Le mélange peut aussi être placé quelques minutes sous une cloche à vide.)

6 Attendez environ 12 h avant de démouler.

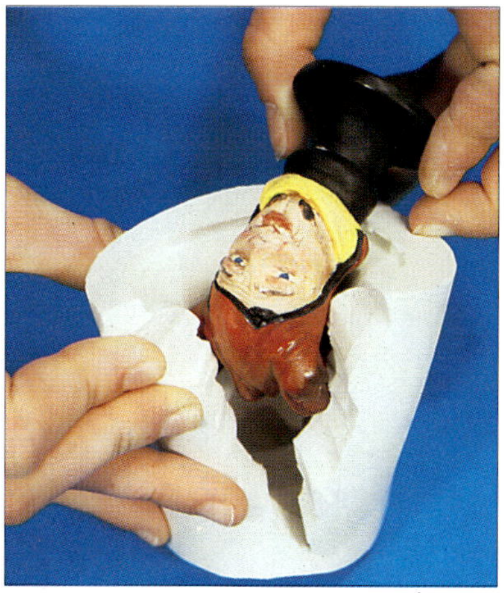

7 Démontez le coffrage et sortez le modèle en tirant sur la masse d'élastomère. Vous pouvez aussi couper au cutter en zigzag dans l'épaisseur du moule le long du plan de joint idéal. Les irrégularités de la découpe forment des repères et permettent de bien refermer le moule.

Tirage en résine polyuréthanne

8 Fermez le moule avec du ruban adhésif. Dosez ensuite les deux composants de la résine polyuréthanne et mélangez bien.

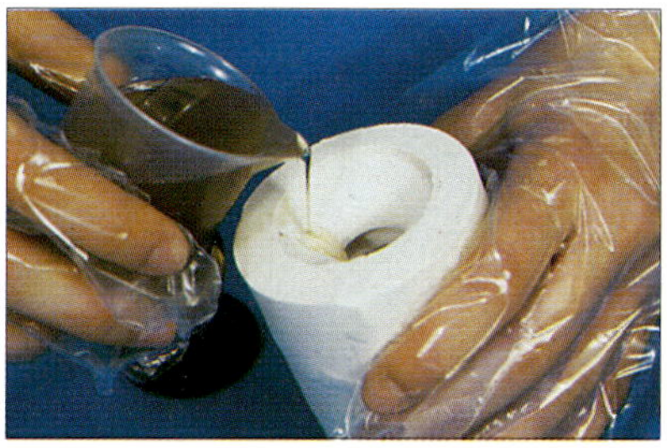

9 Coulez dans le moule en dirigeant le filet contre une paroi.

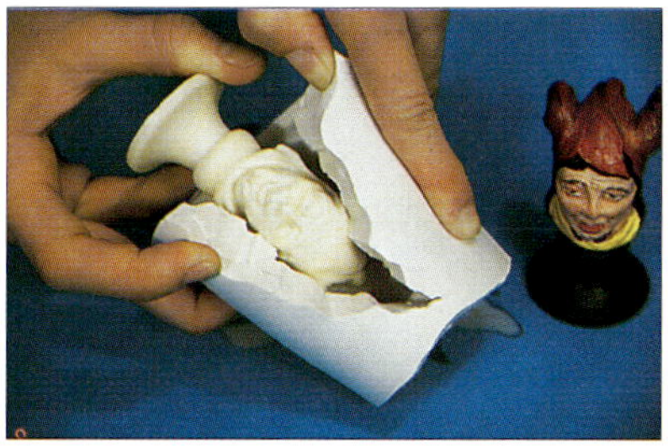

10 Démoulez et dégraissez à l'acétone avant de peindre.

Toutes les pièces d'un jeu d'échecs peuvent être moulées ainsi puis coulées en plâtre, en résine polyester transparente ou en résine polyuréthanne pure ou chargée.

Moulage d'un soldat de plomb

Technique du moule en bateau en deux parties

Pour réussir la coulée d'une figurine en métal à bas point de fusion, il faut que le canal par lequel l'alliage est introduit dans le moule contienne au moins autant de métal que le sujet lui-même, car c'est le poids de l'alliage qui permet d'assurer une bonne coulée. Ce canal est fabriqué avec de la pâte à modeler qui apparaît ensuite en creux dans le moule. Il peut aussi être taillé au cutter directement dans l'élastomère. En outre, il est quelquefois nécessaire de placer un ou plusieurs évents pour permettre à l'air de s'échapper. Pour déterminer leur emplacement, le plus simple est d'essayer une coulée puis de tailler des petits canaux dans le moule partout où le métal ne s'est pas répandu. Ici, deux petits canaux font communiquer les pattes avant du cheval avec le socle. Sans cette précaution, les pattes seraient incomplètes. Une couche de talc entre chaque coulée facilite aussi la progression du métal dans le moule.

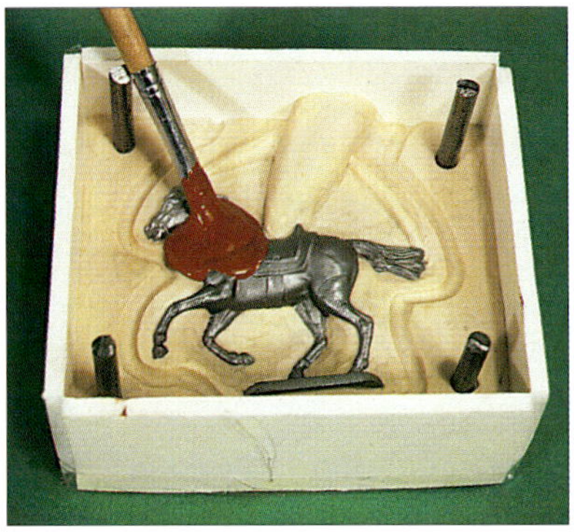

1 Noyez à demi le modèle dans de la pâte à modeler, puis creusez un petit canal sur le plan de joint et placez la tige de coulée et les évents. Enfoncez éventuellement dans la pâte des petites tiges de centrage en métal dont la hauteur correspond à l'épaisseur finale du moule.

2 Appliquez une couche de cire de démoulage au pinceau.

3 Placez tout autour un muret en carton.

4 Préparez l'élastomère de silicone en mélangeant soigneusement la base et son catalyseur.

5 Appliquez une première couche avec un pinceau fin, puis coulez la préparation dans le coffrage en formant un filet très fin pour permettre aux bulles d'air d'éclater avant que l'élastomère touche le modèle.

Difficulté ♠ ♠

Temps ⏲ ⏲ ⏲

Coût (3)

Fournitures

Élastomère de silicone résistant à la chaleur, pâte à modeler, cire de démoulage, alliage à bas point de fusion, tiges de métal, carton, plaquettes de bois, talc

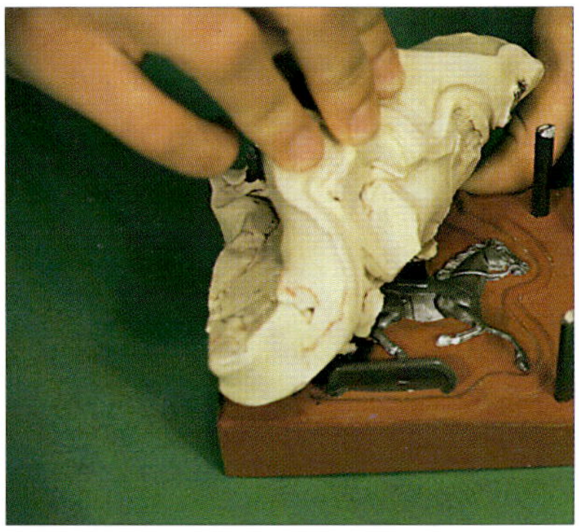

6 Laissez prendre 12 h, retournez l'ensemble et retirez la pâte à modeler ; le sujet est à moitié moulé.

7 Mettez en place la deuxième moitié de la tige de coulée et des évents, puis placez à nouveau un muret tout autour.

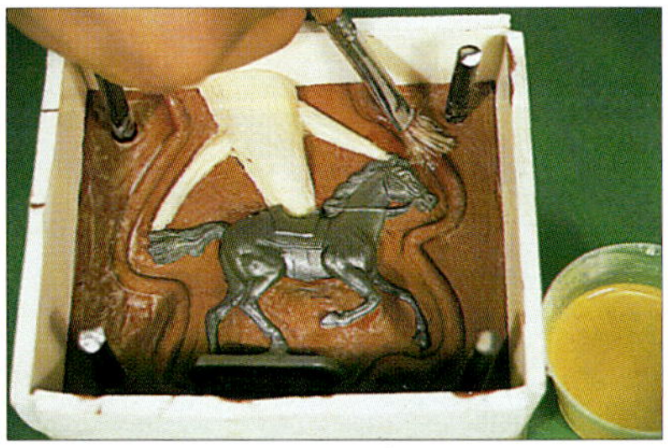

8 Appliquez de la cire de démoulage sur le plan de joint pour empêcher l'élastomère de reprendre sur lui-même.

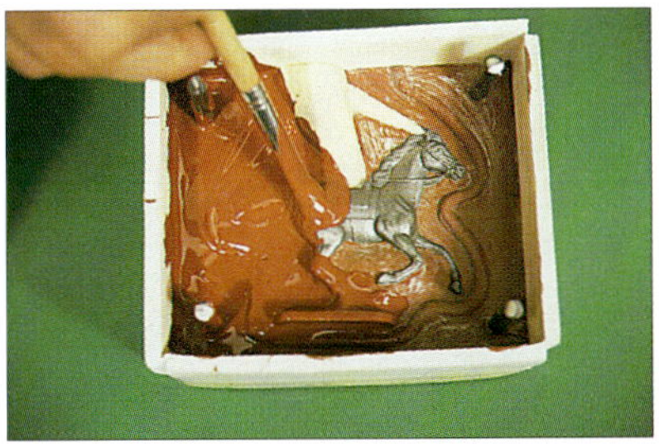

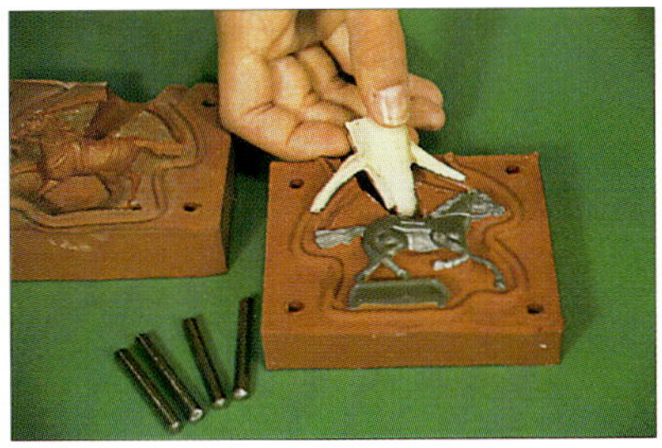

10 Pour démouler, retirez les tiges de métal en poussant sur les extrémités, glissez une pointe dans le plan de joint et faites levier. Retirez la pâte à modeler de la tige de coulée.

9 Coulez la deuxième partie du moule.

Tirage en métal à bas point de fusion

11 Talquez l'intérieur du moule, fermez et mettez en place les tiges de centrage en métal. Pour assurer une bonne fermeture, placez une plaquette de bois de chaque côté avec un serre-joint.

12 Faites fondre le métal dans une casserole. Éliminez les éventuelles crasses de surface avec une spatule en bois.

13 Versez le métal dans l'orifice de coulée en tapotant légèrement le moule sur la table.

14 Laissez refroidir, démoulez et débarrassez la figurine de toutes ses bavures avec une petite lime.

Mise en couleurs

L'idéal pour peindre une figurine en métal à bas point de fusion ou en résine polyuréthanne (page 59) est d'employer la peinture dite « alkyde », car elle sèche plus vite que la peinture à l'huile tout en se travaillant de la même manière.

1 Appliquez une couche d'apprêt blanc (gesso).

2 Commencez par étaler les couleurs de fond les plus claires en les diluant avec un peu d'essence de térébenthine. Marquez les ombres et les plis avec des tons plus foncés.

FOURNITURES

Gesso, peintures alkydes, essence de térébenthine, vernis en aérosol (facultatif)

3 Tracez les détails les plus fins et marquez les creux avec des teintes foncées pour faire ressortir les volumes. Laissez bien sécher avant de fixer avec le vernis.

Moulage d'un ananas en plâtre

Technique de l'estampage sous chape

DIFFICULTÉ ♠ ♠ ♠

TEMPS ⏱ ⏱ ⏱

COÛT 🪙 🪙 🪙

FOURNITURES

Élastomère de silicone, agent épaississant, argile ou plastiline, cire de démoulage, vaseline, verranne, plâtre

Voir le moulage de l'original page 50.

1 Noyez à demi l'ananas en plâtre dans de l'argile pour former une portée dans laquelle vous graverez des repères avec une mirette.

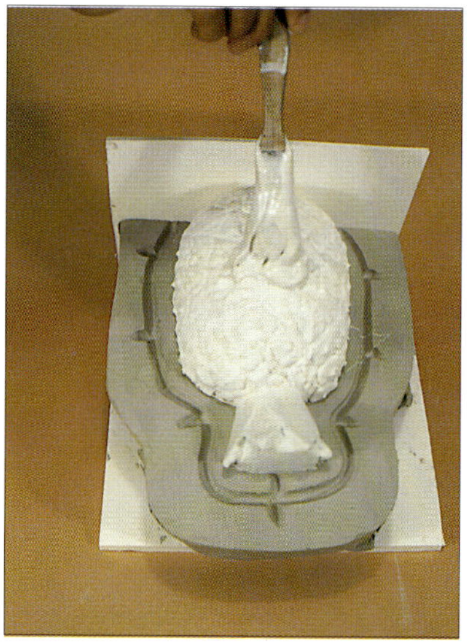

2 Mélangez l'élastomère de silicone avec son catalyseur et très peu d'agent épaississant. Appliquez une première couche à l'aide d'un pinceau et laissez prendre.

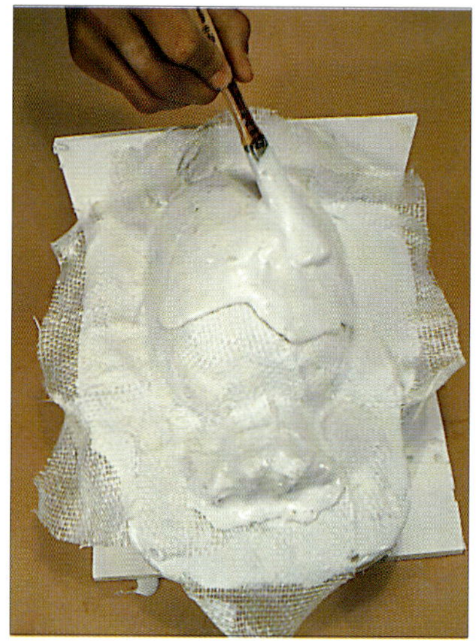

3 Appliquez une deuxième couche, puis posez des petits morceaux de verranne avec le pinceau pour qu'ils épousent les formes arrondies. Passez une troisième couche d'élastomère catalysé.

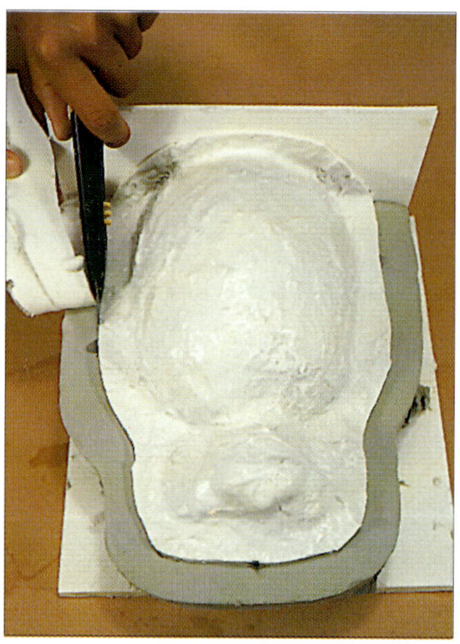

4 Dès que l'élastomère a pris, découpez-le de manière qu'il atteigne tout autour du sujet la moitié de la largeur du plan de joint en argile. Gravez aussi des repères dans ce plan.

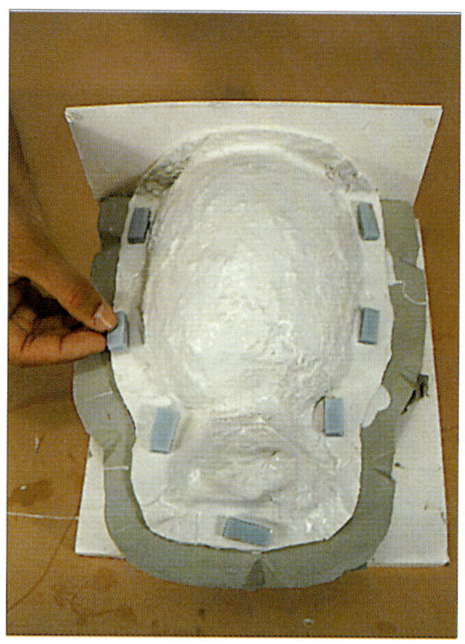

5 Préparez des petits morceaux d'élastomère et collez-les sur le bord de la membrane avec un mélange catalysé. Cela permet un meilleur calage de la membrane dans la chape de plâtre.

6 Préparez un plâtre épais et déposez-le en une couche uniforme de 2,5 cm environ sur toute la surface.

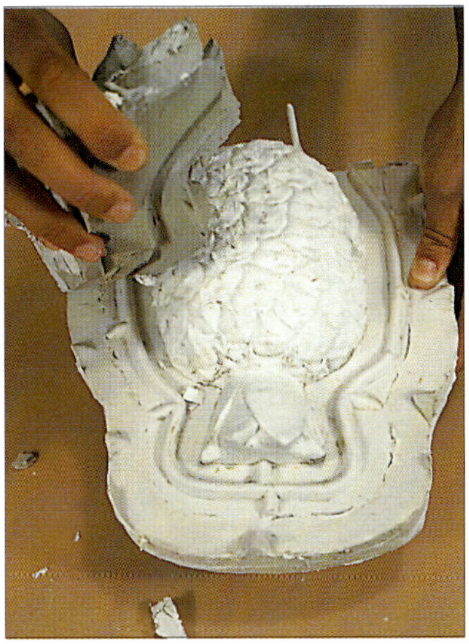

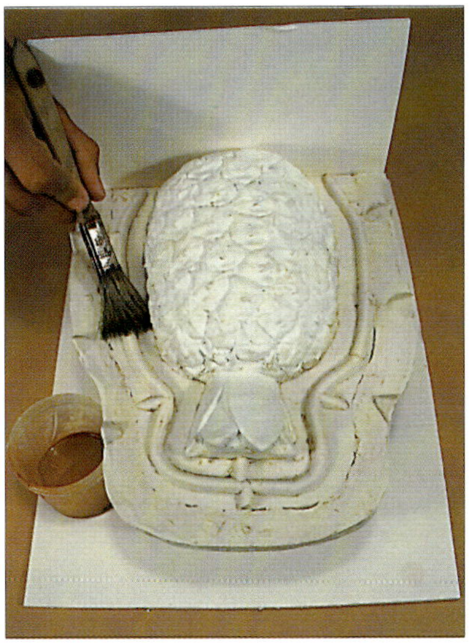

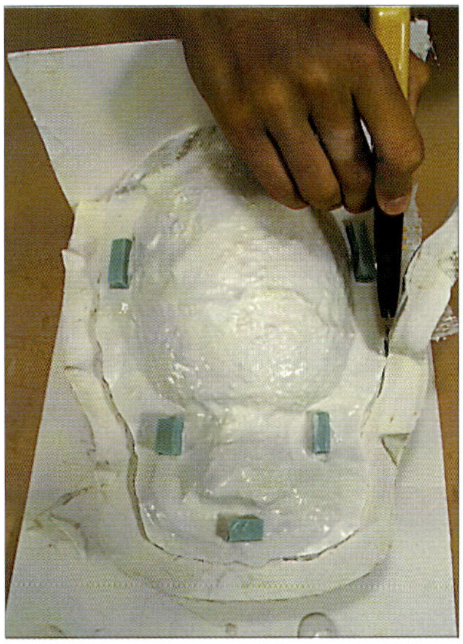

7 Après la prise du plâtre, retournez l'ensemble, retirez l'argile ayant servi à faire la portée.

8 Passez une couche de cire de démoulage sur le plan de joint de l'élastomère et une couche de vaseline sur celui du plâtre.

9 Puis répétez les opérations précédentes pour la seconde moitié du moule.

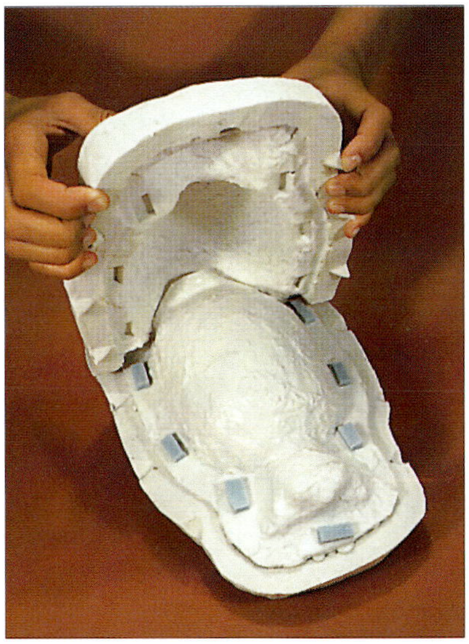

10 Une fois le moule terminé, démoulez l'ensemble en frappant sur la couture avec un maillet en bois et en vous aidant éventuellement d'une lame pour faire levier. Soulevez ensuite les chapes.

11 Démoulez les membranes en les retournant, puis replacez-les dans les chapes de plâtre. Reconstituez le moule en maintenant les deux parties avec un élastique ou des coupons de bande plâtrée.

Les tirages peuvent être réalisés en plâtre, en pierre reconstituée, en cire ou en résine.

Cette méthode de moulage est la même que celle utilisée pour le moulage des statues.

Réalisation d'un photophore par moulage d'un oursin

Technique de la coulée sous chape

1 Fixez l'oursin sur une plaque de bois ou de carton et enveloppez-le de papier aluminium.

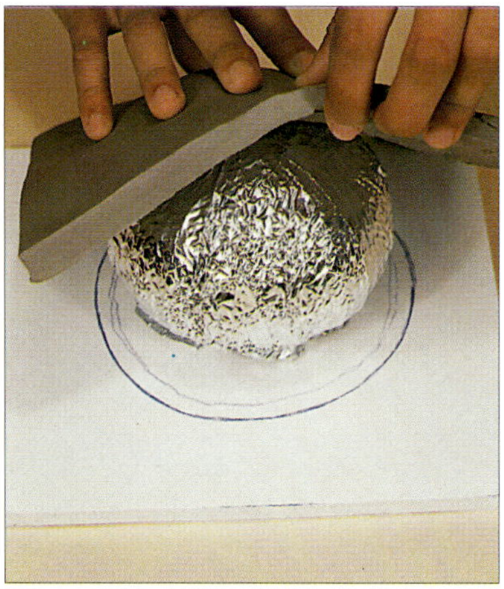

2 Recouvrez l'oursin d'une couche uniforme d'argile de 1,5 cm d'épaisseur environ.

3 Ajoutez un petit bourrelet à la base et un cône au sommet.

Difficulté ♠ ♠ ♠

Temps ⏱ ⏱

Coût 🪙 🪙

Fournitures

Élastomère de silicone, argile, plâtre, alcool polyvinylique, vaseline, plastiline ou colle, colorant, bougie pour photophore, plaque de bois ou carton, papier aluminium

4 Pour retenir le plâtre, placez un petit muret d'argile tout autour à environ 3 cm du bord. Préparez du plâtre et recouvrez toute la surface d'une couche de 2,5 cm d'épaisseur environ.

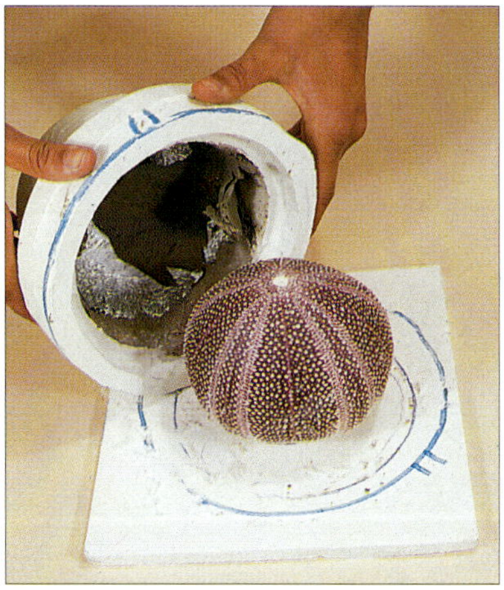

5 Après la prise, tracez les contours de la chape au crayon, puis décollez-la du modèle.

6 Débarrassez l'intérieur de toute l'argile et mettez-la de côté. L'oursin doit rester en place sur son support.

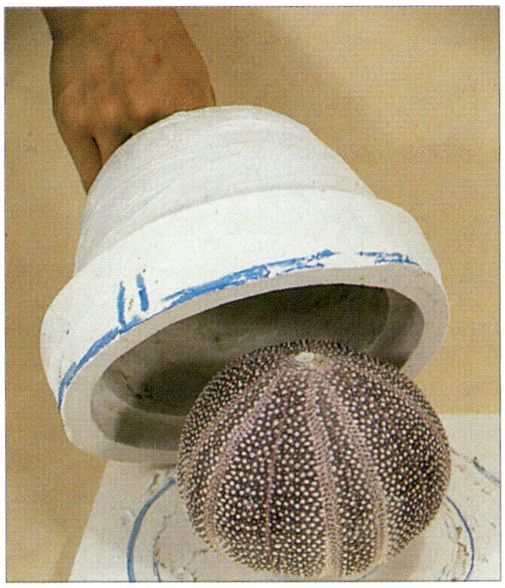

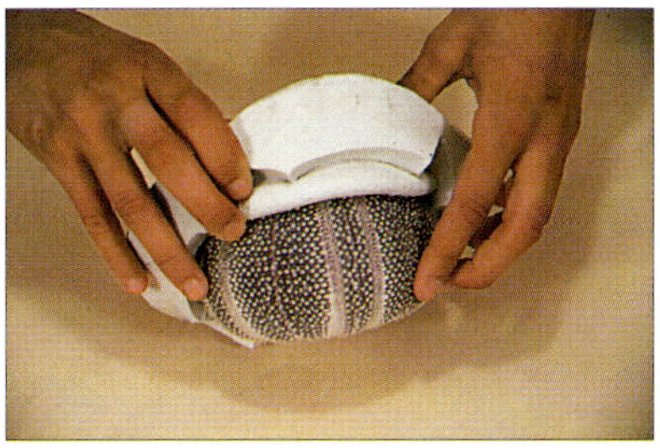

10 Retroussez la membrane d'élastomère ; au besoin, pratiquez deux ou trois entailles à la base avec un cutter pour faciliter le démoulage.

7 Appliquez de l'alcool polyvinylique sur l'oursin et de la vaseline dans la chape. Remettez la chape en place en vous aidant du trait de crayon et posez un joint étanche tout autour avec de la colle chaude ou de la pâte à modeler.

8 Préparez une quantité d'élastomère de silicone égale au volume d'argile utilisé précédemment. Versez l'élastomère par l'orifice de coulée de la chape jusqu'au bord.

9 Après la prise, retirez la chape, décollez l'oursin.

11 Replacez la membrane dans la chape ; le moule est maintenant prêt pour les tirages.

12 Collez dans le fond du moule un disque d'argile correspondant aux dimensions de la bougie.

13 Préparez un plâtre onctueux, avec ou sans colorant, et coulez-le dans le moule.

14 Après la prise du plâtre, démoulez. Retirez l'argile et emboîtez la bougie. (Patine et décoration page 86).

LES OBJETS EN RÉSINE TRANSPARENTE

Réservée à l'origine à l'inclusion d'objets dans des blocs transparents ou à la réalisation de panneaux et de compositions ornementales, la résine transparente est aujourd'hui de plus en plus employée dans des sculptures massives ou des objets décoratifs et fonctionnels : lampes, bougeoirs, porte couteaux, miroirs, encadrements, poignées de porte et de meuble, accessoires de bains, etc., destinés à la décoration et aux arts de la table. Pour fabriquer ces objets, on utilise de la résine polyester, ou epoxyde généralement coulées dans des moules en elastomère silicone ou dans certains moule thermoformés. Elle peut être teintée, opaque ou translucide, dépolie par sablage, ponçage, ou vernie.

INCLUSION D'ÉPIS DE BLÉ DANS LA RÉSINE TRANSPARENTE

1 Choisissez un petit moule en plastique ou fabriquez-le vous-même en Rhodoïd, en bois mélaminé ou en Formica, par exemple. Ici, nous avons utilisé un moule réalisé en carton « plume » gainé de Rhodoïd.

2 Coulez une première couche (semelle) de 1,5 cm d'épaisseur environ. Pour définir la quantité de résine, calculez le volume et multipliez-le par la densité (1,2) : ainsi, pour couvrir une surface de 10 cm^2 avec 1 cm d'épaisseur, il vous faudra 120 g ou 100 cc. Mélangez la résine avec 1 % de catalyseur (soit 1 g = 20 gouttes pour 100 g de résine).

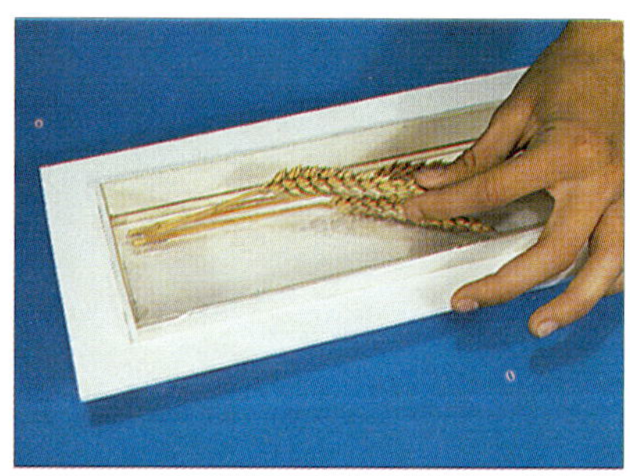

3 Dès que la résine a pris (environ 4 h), coulez une deuxième couche de 3 à 5 mm d'épaisseur et posez les épis séchés bien à plat.
Laissez durcir avant de couler une troisième couche de résine jusqu'au bord du moule.

4 Laissez prendre quelques heures, puis démoulez.
Si la résine a été coulée dans du Rhodoïd, le moule se décollera parfaitement en laissant la surface lisse et brillante.

Si le bloc n'est pas parfait, vous pouvez le poncer sur toutes ses faces avec des papiers abrasifs à l'eau de plus en plus fins, puis le polir manuellement avec de la pâte ou avec un disque de tissu monté sur une perceuse électrique.

DIFFICULTÉ ♠ ♠
TEMPS ⏱ ⏱ ⏱
COÛT 🪙 🪙
FOURNITURES
Moule pour inclusion (voir texte), résine polyester transparente, doseur

RÉALISATION D'OBJETS TRANSPARENTS PAR COULAGE

1 Évaluez la quantité de résine en versant de l'eau dans le moule puis dans un doseur gradué

2 Pour la résine polyester, dosez le catalyseur en fonction du tableau de la page 27, pour la résine epoxyde « cristal » doser les deux composants dans le rapport indiqué.

3 Remuez avec une spatule pendant 1 ou 2 min en incorporant le pigment ou la charge (page 87).

4 Consultez le tableau de la page 15 pour déterminer l'agent de démoulage à utiliser, versez la résine dans le moule préalablement séché et dans le cas du polyester préchauffé sur un radiateur.

DIFFICULTÉ ♠
TEMPS ⏱ ⏱
COÛT 🪙 🪙
FOURNITURES
Résine polyester ou epoxyde « cristal », pigment ou charge (facultatif), doseur

Laissez prendre complètement (environ 12 h). Démoulez.
Vous pouvez vernir l'objet (p. 89) ou le dépolir avec du papier de verre.

Les moules des coquillages et de l'étoile de mer sont en plastique thermoformé, et celui de la feuille en pâte à mouler silicone. Pour fabriquer des poignées ou des ornements à accrocher immergez un insert (vis, pince…) dans la résine en train de prendre, en le maintenant à la verticale. Le moule de l'ananas est réalisé en deux parties avec de l'élastomère de silicone (page 62). Il doit être hermétiquement fermé avec un joint de colle chaude.

Les empreintes sur modèle vivant

LE DÉSIR DE POSSÉDER UNE RÉPLIQUE D'UN VISAGE EST DU MÊME ORDRE QUE CELUI QUI NOUS ATTACHE AUX PORTRAITS PEINTS OU PHOTOGRAPHIÉS. TOUT LE MONDE SOUHAITE QUE SON IMAGE SE TRANSMETTE, QUE SA JEUNESSE LAISSE TRACE MALGRÉ LE TEMPS QUI PASSE.

Le moulage sur le vif fut très utilisé au XIXe siècle pour l'élaboration des sculptures. Le sculpteur Rodin, qui le premier exploita ce processus, fut d'ailleurs accusé d'avoir eu recours au moulage pour sa sculpture l'*Âge d'airain* en 1874, alors qu'il l'avait modelée.

Ces empreintes sont très courantes dans les cours de dessin et de sculpture, où masques, bras, jambes, pieds, mains et bustes en plâtre remplacent le modèle vivant.

Mais on les utilise aussi dans les musées de cire, pour les effets spéciaux et le maquillage de cinéma, les prothèses orthopédiques, les masques « témoins » en chirurgie esthétique.

Enfin, une activité à la mode consiste à proposer en souvenir des moulages de visage, de main d'adultes, d'enfants ou de bébés.

Avant le moulage

Si les empreintes partielles (mains, oreilles) ne demandent pas de préparation, mis à part le retrait des bagues, bracelets ou boucles, il est important de prendre quelques précautions pour les empreintes de visage.

Avant toute chose, le modèle doit se sentir bien dans l'atelier et pouvoir garder une pose aussi confortable que possible. Il faut en particulier s'assurer que la personne que l'on va mouler n'est pas claustrophobe, asthmatique ou cardiaque ; si l'on désire mouler la bouche fermée, être sûr qu'elle peut respirer uniquement par le nez ; ne pas mouler sur une plaie ouverte, sur un visage maquillé ou les yeux ouverts ; prendre soin de retirer les lentilles de contact ou l'éventuel appareil auditif qui risquent de tomber lors du démoulage. Le moulage ne peut commencer que dans un climat de confiance mutuelle, car le travail ne doit pas être interrompu ; on demandera par conséquent au modèle de satisfaire ses besoins naturels. Celui-ci doit savoir ce qui l'attend, ce que l'on va faire, connaître le temps de pose et de prise, en général très rapide, des matériaux. La préparation du matériel et du lieu a aussi son importance. Le local doit être bien chauffé, clair et aéré. On doit avoir à sa disposition assez de récipients et d'eau tiède, des sacs en plastique, des chiffons pour protéger les vêtements et s'essuyer facilement les mains. Il peut être utile de débrancher le téléphone, car la sonnerie peut provoquer un stress inutile. Dès que tout est prêt et que le modèle est détendu, le moulage peut commencer.

Pendant le moulage

Tout dépend de la partie du corps que l'on moule : chacun a sa méthode et ses habitudes, certains mouleurs commentent ce qu'ils font, d'autres — dont je fais partie — ne disent presque rien (ce n'est plus nécessaire si la préparation a été bien faite) et laissent le modèle vivre son expérience. Une bonne méthode consiste à faire participer ce dernier (pour détourner son attention) en lui demandant de tenir un récipient, une serviette ou un outil. Il ne sert souvent à rien de demander à la personne comment elle va ; il lui est pratiquement impossible de le dire et elle peut alors douter des compétences du mouleur et de sa capacité à maîtriser la situation. Un moulage réussi doit associer une expérience enrichissante, pour le modèle et le mouleur, à un résultat technique parfait. Les éventuelles réticences qui précédaient le moulage font alors place à une envie de recommencer le « voyage ».

Le moulage des mains

Moulage d'une main d'enfant

Technique de l'immersion dans l'alginate

Choisissez une pose simple, en évitant de replier les doigts ; l'idéal est une position décontractée, les doigts dans le prolongement du poignet. Pour le coffrage, vous pouvez employer n'importe quel récipient, mais il vaut mieux qu'il soit transparent (Rhodoïd, par exemple) car il permettra de mieux visualiser le travail.

Difficulté ♠ ♠

Temps ⏱

Coût 🪙 🪙

Fournitures

Alginate, plâtre, Rhodoïd, carton, récipient gradué

1 Découpez une plaque de Rhodoïd de 35 cm x 25 cm et posez du ruban adhésif pour obtenir un tube.

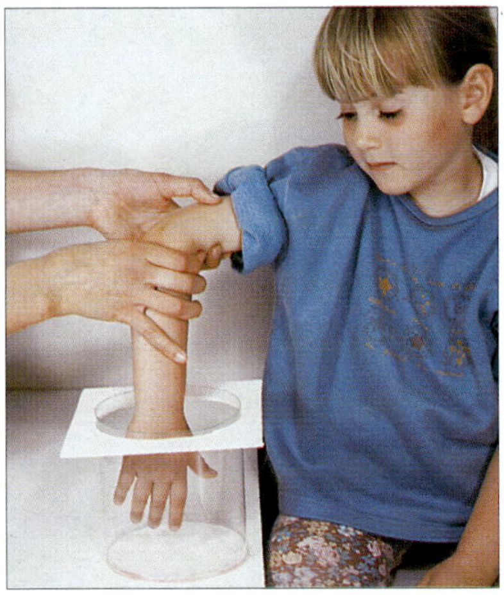

2 Formez un ovale et reportez-le sur un morceau de carton. Découpez et collez ce disque de carton au fond du tube de Rhodoïd avec du ruban adhésif. Emboîtez la pièce de carton évidée dans le haut du tube pour éviter que le coffrage ne se déforme sous la pression.

3 Placez le coffrage dans un évier et remplissez-le d'eau. Plongez la main dans le coffrage en laissant l'eau déborder, afin de connaître ainsi la quantité exacte de produit à préparer.

4 Versez l'eau dans un récipient gradué et calculez la quantité exacte de poudre d'alginate à mélanger (page 21), soit environ un volume de poudre pour deux volumes d'eau .

5 Dans un récipient rond, versez l'eau dans la poudre, puis battez énergiquement à la main 1 ou 2 min pour obtenir une pâte onctueuse ; vous disposez alors de 4 à 6 min avant la prise.

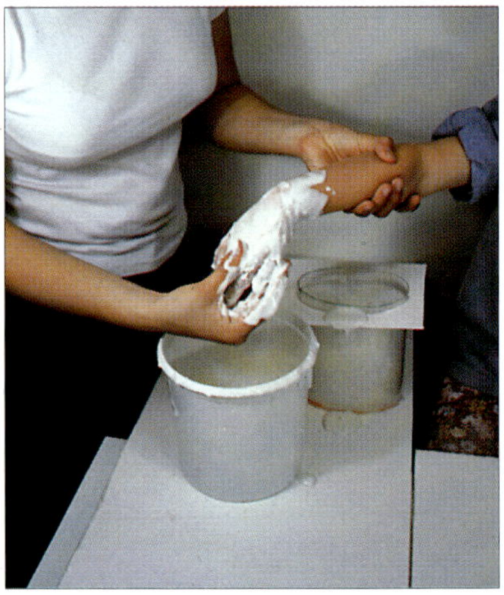

6 Versez la préparation dans le coffrage. L'alginate n'adhérant pas sur la peau, aucun agent de démoulage n'est nécessaire ; massez la main avec un peu de pâte, puis plongez-la dans le coffrage jusqu'à ce que les doigts touchent le fond, et remontez légèrement.

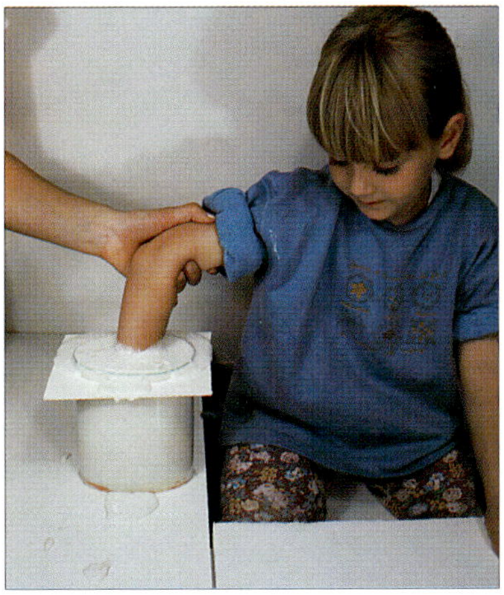

7 Maintenez la pose quelques minutes en veillant à ce que les doigts ne touchent pas le fond ni les parois.

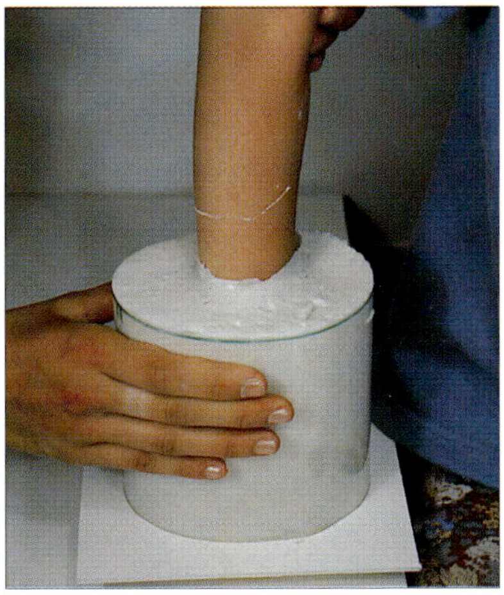

8 Dès que l'alginate s'est bien gélifié (il doit résister à la pression du doigt et bien se détacher de la peau), décollez-le tout autour du poignet, puis faites coulisser la pièce de carton jusqu'en bas du tube. L'empreinte va se déformer et permettre à l'alginate de se détacher. Laissez alors l'air rentrer dans l'empreinte pour sortir la main.

Agissez sans précipitation : l'enfant doit sentir que le matériau se décolle partout, d'abord de la paume puis des doigts les uns après les autres.

Vous pouvez insuffler de l'air ou faire pénétrer de l'eau entre le poignet et l'empreinte, mais cela n'est pas indispensable.

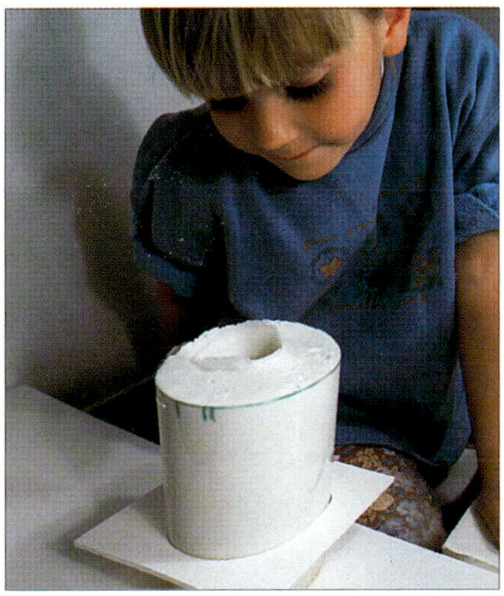

9 Dès que toute la main est décollée, tirez lentement en demandant à l'enfant de rapprocher le pouce du petit doigt ; la main doit sortir sans difficulté. Replacez la pièce de carton en haut du tube, retournez le moule pour évacuer l'eau et d'éventuels déchets, et coulez enfin le plâtre (page 75).

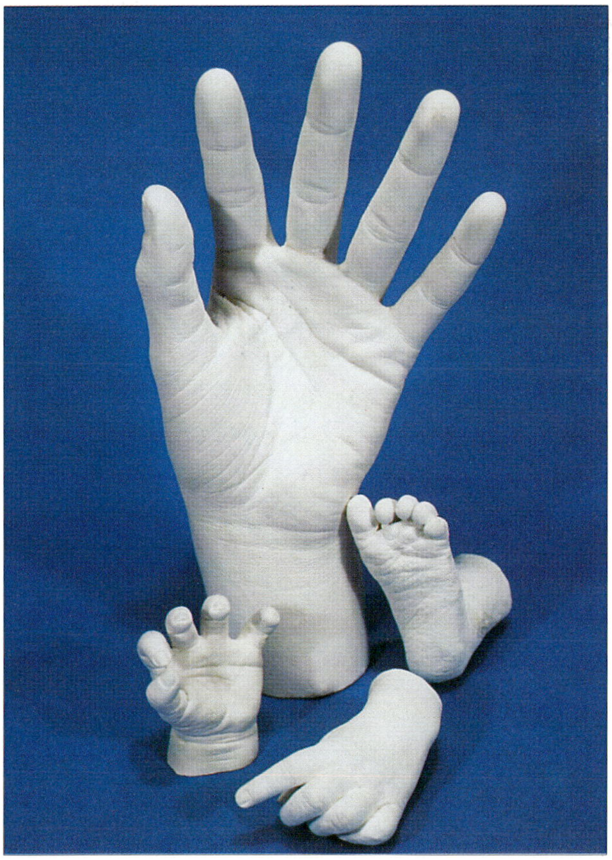

Moulage d'une main d'adulte

Technique de l'estampage à l'alginate

Cette technique, plus délicate à mettre en œuvre, permet d'utiliser moins d'alginate et de mieux contrôler la position de la main.

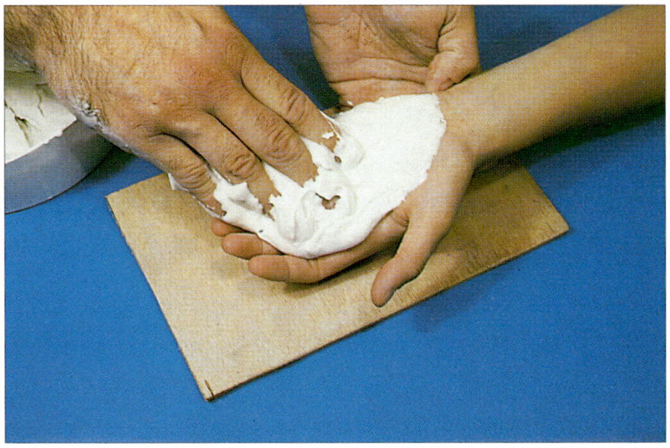

1 Découpez une planchette de bois aux dimensions de la main posée à plat.

2 Préparez l'alginate avec très peu d'eau pour obtenir une pâte épaisse non coulante.

3 Appliquez l'alginate sur toute la main comme une pommade, en commençant par la paume.

4 Placez de l'alginate sur la planchette de bois, puis posez-y la main à plat.

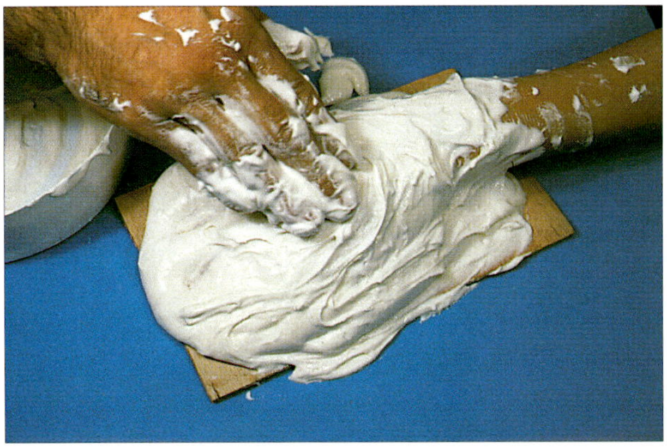

5 Terminez d'appliquer la pâte en une couche la plus uniforme possible jusqu'à la prise.

6 Dès que l'alginate a pris, appliquez une bande plâtrée sur toute la surface, en débordant sur la planchette.

Conseil

Cette technique permet de s'entraîner facilement à ne mouler que le dessus de la main posée à plat, en coulant le plâtre ; un socle de présentation est alors en même temps intégré à la main.

Difficulté ♠ ♠ ♠

Temps ⏱ ⏱

Coût 🪙

Fournitures

alginate, bandes plâtrées, plâtre, planchette de bois ou de carton

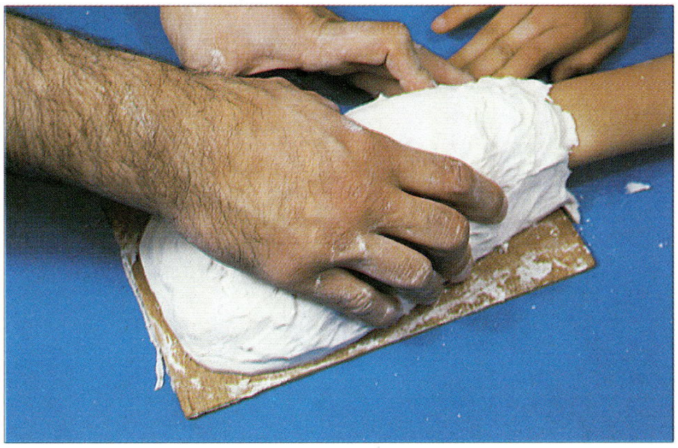

7 Retirez la coque de bande plâtrée et, sans décoller l'alginate de la planchette, démoulez la main comme dans l'exercice précédent.

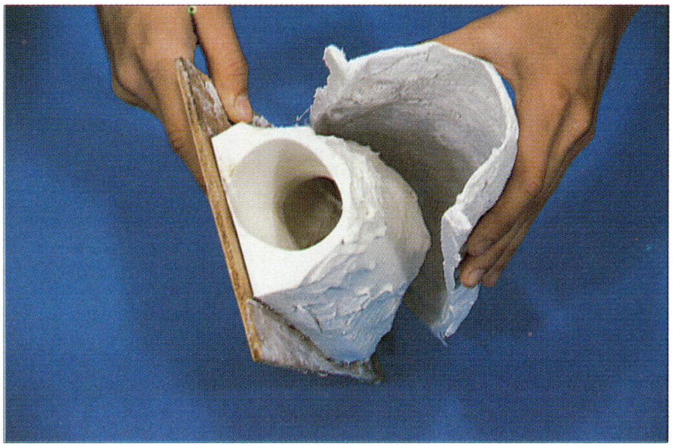

8 Replacez la coque et maintenez-la avec quelques morceaux de bandes plâtrées. Retournez le moule pour laisser l'eau s'égoutter avant le coulage du plâtre (page 75).

Moulage d'une main de bébé

Jusqu'à 18 mois, un bébé n'est pas en mesure de se concentrer et de rester immobile pendant le moulage : il a souvent le réflexe de fermer le poing et il est alors très difficile d'obtenir un bon résultat. Pour réaliser un beau moulage, il faut employer une autre méthode.

Difficulté ♠ ♠

Temps ⏱

Coût

Fournitures
Alginate, bande plâtrée, plâtre

1 Choisissez un moment où l'enfant s'est endormi. L'idéal est qu'il reste dans les bras d'un de ses parents pendant que l'autre prend sa main et lui écarte doucement le bras.

2 Mélangez l'alginate avec de l'eau à 36 °C et enduisez-en la main du bébé.

3 Gardez le reste d'alginate au creux de votre main, puis posez-y délicatement la main du bébé en la recouvrant avec l'alginate.

À ce moment, si le bébé est bien détendu, il est possible de placer ses doigts bien à plat. Attendez la prise tout en remontant les éventuelles coulures.

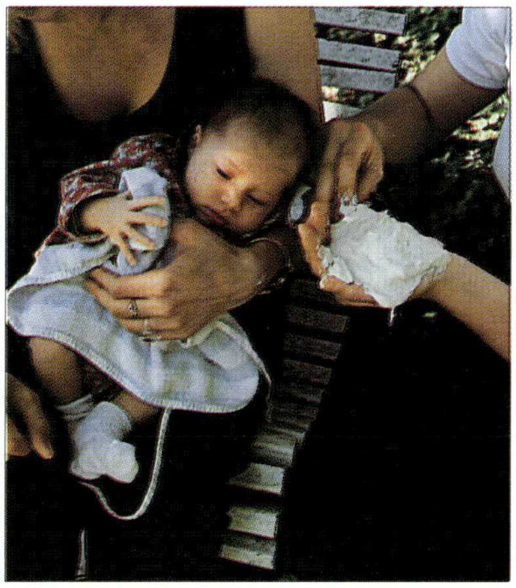

4 Dès que l'alginate a pris, tirez doucement sur le bras ; la main sortira sans aucune difficulté, laissant l'empreinte au creux de votre main. Posez une bande plâtrée sur toute la surface externe de l'empreinte avant de couler le plâtre à l'intérieur (page 75).

Moulage de plusieurs mains ensemble

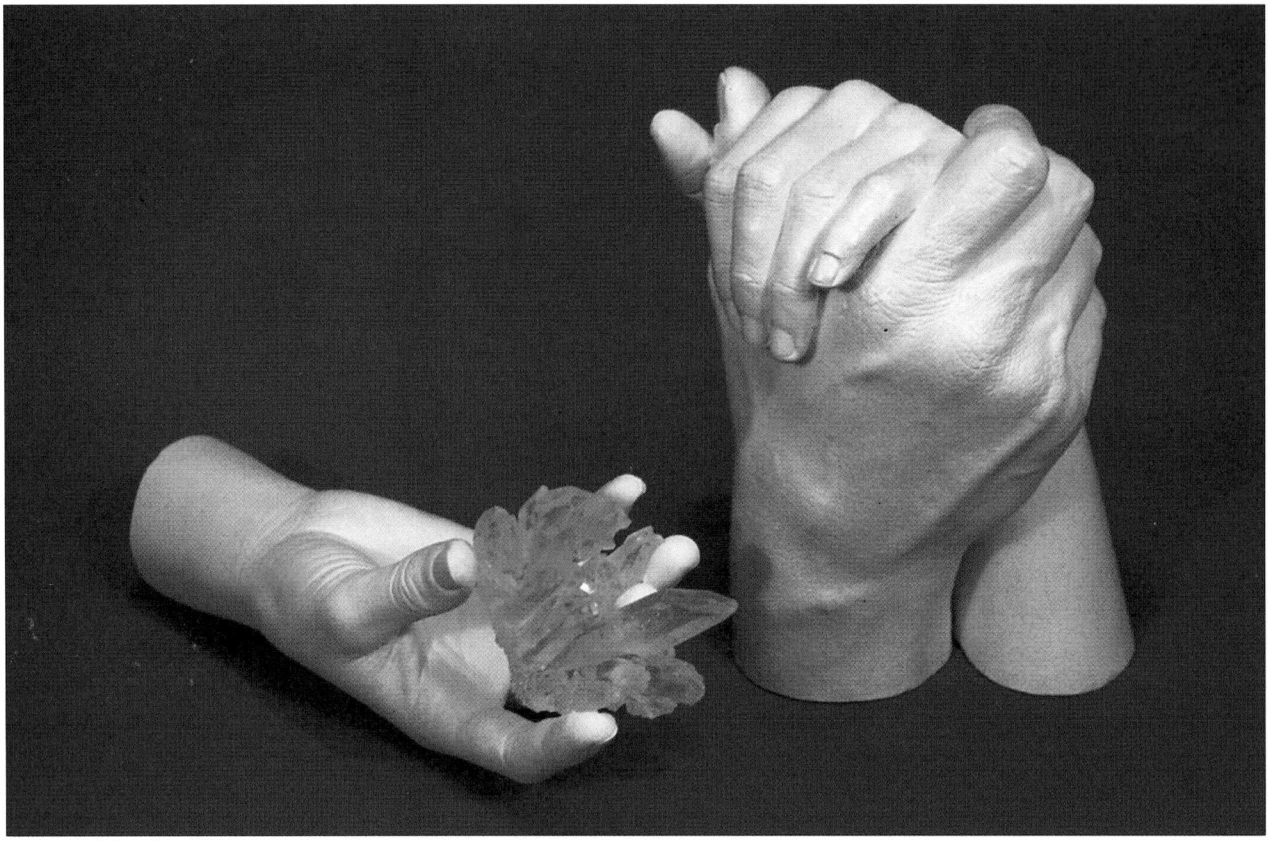

Le moulage de deux mains unies a une valeur symbolique : mains des parents, des enfants, poignée de main scellant une amitié, un amour, une réconciliation… Le moulage par immersion dans l'alginate s'impose. Il faut prévoir un récipient assez grand pour que les mains puissent y trouver leur place sans toucher les parois et, dans le cas de la poignée de main, fabriquer un moule rectangulaire comportant un orifice à chaque extrémité. Toutes les attitudes sont envisageables, à condition de rendre possible la coulée du plâtre sans emprisonner d'air.

Moulage de la main tenant un objet

On peut imaginer une main tenant un fruit, un stylo, un livre, etc.

Deux cas de figures sont possibles :

- au moment où le modèle retire sa main de l'alginate, il retire aussi l'objet qu'il tient ; ce dernier sera alors coulé dans le même matériau ;
- le modèle laisse l'objet dans l'empreinte et n'extrait que sa main ; au coulage, le plâtre viendra remplir tous les creux et emprisonnera l'objet parfaitement ajusté dans la main en plâtre.

Attention

Dans le cas du moulage de la main avec un objet, assurez-vous que l'alginate ne risque pas d'adhérer, et appliquez au besoin un démoulant (page 15).

Coulage dans les empreintes en alginate

Une empreinte en alginate est composée de 75 % d'eau ; celle-ci s'évapore très vite et la masse a alors tendance à se rétracter. Pour éviter cela, il faut maintenir les empreintes dans un milieu humide jusqu'au coulage, à l'intérieur d'un sac plastique, par exemple.

La faible résistance au déchirement et la rétractation dues à la déshydratation empêchent de tirer un grand nombre d'épreuves (de une à quatre tout au plus, en fonction de la forme).

Les matériaux qu'il est possible de couler dans l'alginate sont le plâtre (qui assure le meilleur résultat), la cire et certaines résines polyuréthannes. Du fait de la présence d'eau, il n'est pas possible de couler des épreuves en résines polyester ou époxyde. Dans tous les cas, il n'est pas nécessaire d'appliquer un agent de démoulage dans l'empreinte.

Coulage en plâtre synthétique

La surface de l'alginate étant légèrement acide, le plâtre prend mal en surface. Pour réussir un tirage en plâtre, il faut verser dans l'empreinte de l'eau additionnée de cristaux d'alun de potasse, laisser agir 2 min puis évacuer la solution et laisser égoutter.

1 Préparez le plâtre (page 18), puis faites-le couler lentement contre une paroi afin d'éviter la formation de bulles d'air.

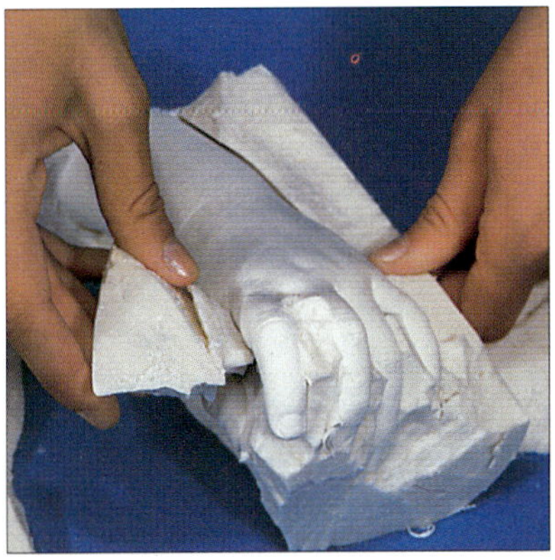

Procédez de la même façon pour faire un tirage d'une main d'enfant.

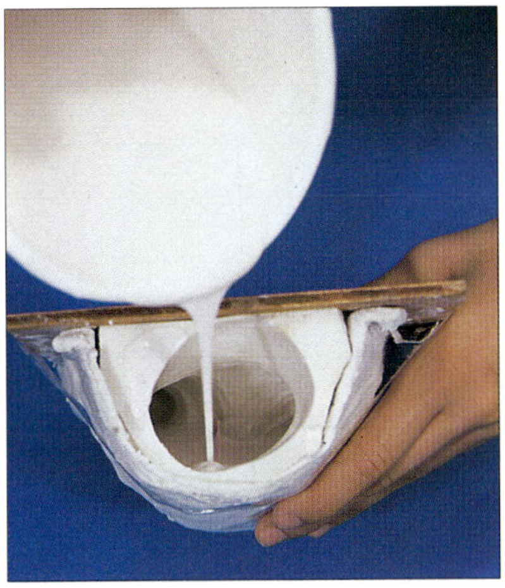

2 Reversez le plâtre dans son récipient, puis remplissez à nouveau l'empreinte, cette fois définitivement.

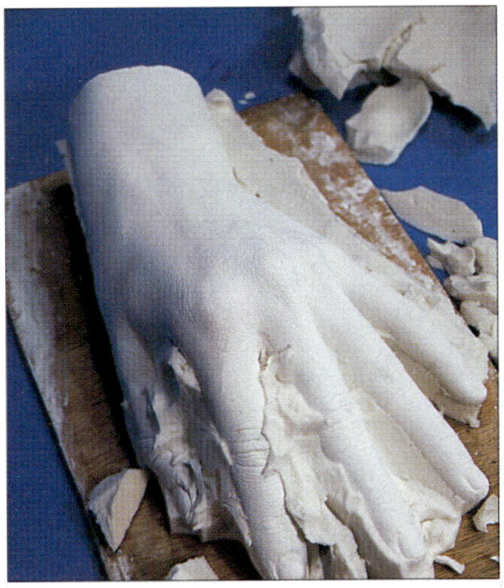

3 Après environ 1 h 30, découpez l'alginate pour sortir le moulage et laissez sécher parfaitement le plâtre.

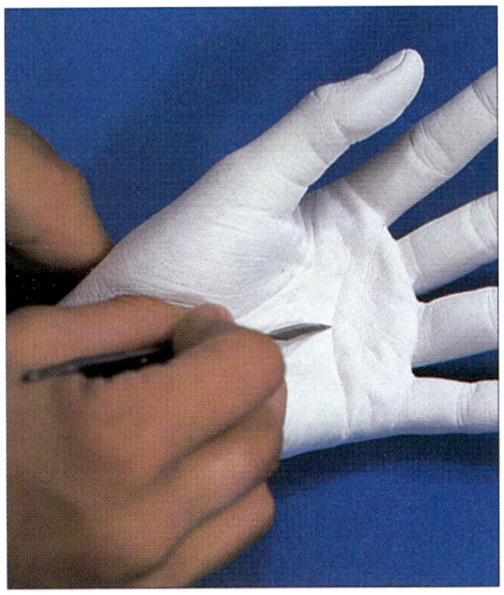

4 Retirez les éventuelles bavures et les traces de bulles d'air avec une petite spatule. Patinez à votre convenance (page 86).

Le moulage du visage

Le visage est plus difficile à mouler que la main, il requiert plus d'assurance et de maîtrise. Le modèle doit être calme, bien installé, de manière à pouvoir tenir la pose sans bouger pendant 20 min. La position allongée est la plus confortable, mais cette attitude a tendance à déformer le visage. La position assise, la tête bien calée légèrement en arrière, est préférable. L'idéal est d'utiliser un vieux fauteuil de dentiste ou de coiffeur que l'on peut basculer. Bien qu'un professionnel comme le sculpteur Jean-Pierre Maury ait moulé le visage de sa fille dès l'âge de 3 ans et chaque année pendant 30 ans, il est raisonnable de ne débuter qu'à partir de 6 ans. Contrairement à toute attente, il ne sert à rien de placer des petits tuyaux dans les narines ; ils indisposent et rendent la respiration plus difficile. Il suffit simplement de ne pas obstruer les narines pendant le moulage. En revanche, si l'on utilise du plâtre ou des bandes plâtrées, il est important de laisser un petit trou (ou de placer une noisette de vaseline) sur la bosse du nez et sur le front pour éviter l'éventuelle formation d'un hématome lors du démoulage.

Afin de conserver autant que faire se peut toutes les possibilités de communication du modèle, il faut le priver de ses sensations petit à petit et le moins longtemps possible, en recouvrant le visage progressivement : d'abord le front et les joues, puis le menton, et enfin le nez et les yeux.

Le sculpteur J.P. Maury et ses moulages.

Moulage du visage avec des bandes plâtrées

1 Découpez la bande plâtrée en petits coupons adaptés aux différentes parties du visage (largeur du front, longueur de la tempe au menton, 4 x 4 cm pour les yeux, etc.).

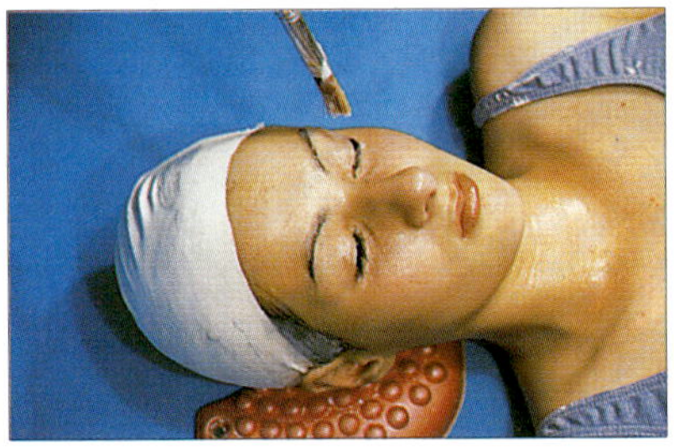

2 Installez le modèle, puis badigeonnez-lui le visage à l'aide d'un coton imprégné d'un mélange d'huile d'amande douce et de vaseline. Enduisez les cils et les sourcils d'une bonne couche de vaseline pure.

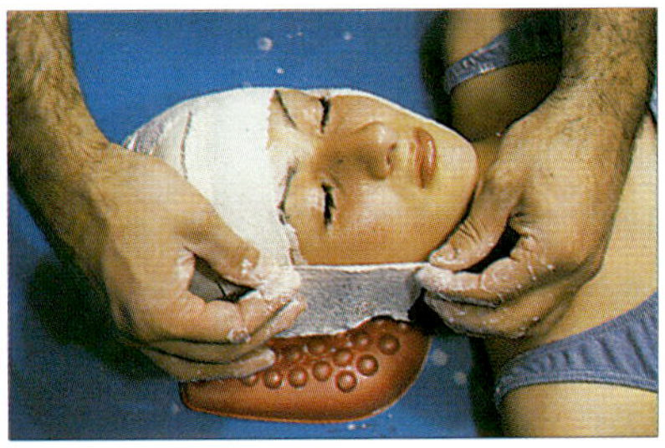

3 Trempez dans l'eau tiède le coupon destiné au front, essorez-le et appliquez-le délicatement sur la peau en massant avec le pouce ou l'index pour bien disperser le plâtre à travers les fibres.

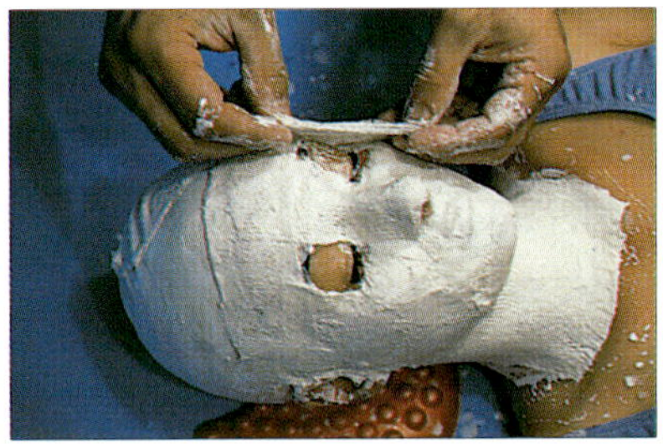

4 Posez de la même manière les côtés du masque, le menton, les oreilles et le nez, sans obstruer les narines. Recouvrez la bouche et les yeux.

Difficulté ♠ ♠
Temps ⏱ ⏱
Coût 🪙
Fournitures
Bandes plâtrées, gouache, vaseline, huile d'amande douce, vernis à la gomme-laque, plastiline

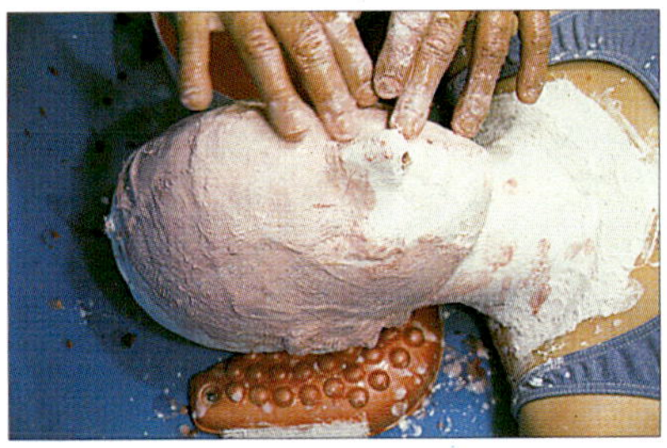

5 Dès que cette première couche est achevée, appliquez-en une deuxième. Teintez l'eau avec de la gouache pour être certain de ne pas faire de surcharges.

6 Laissez durcir le plâtre quelques minutes ; si le modèle s'impatiente, parlez-lui, touchez-le, faites-le participer en lui demandant de tenir un récipient.

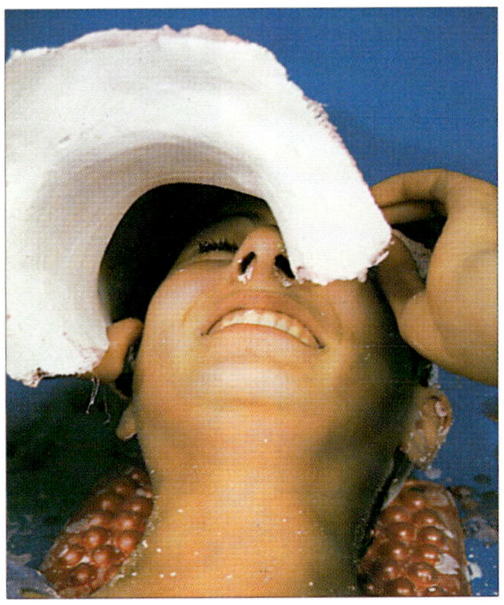

7 Pour démouler, penchez le modèle en avant tout en lui maintenant bien la tête, décollez le masque de chaque côté des oreilles en les dégageant. L'empreinte doit se démouler sans aucun effort par une légère rotation latérale.

Préparation de l'empreinte

Laissez bien sécher l'empreinte, puis appliquez à l'intérieur une couche de vernis à la gomme-laque ; bouchez les petites bulles avec un peu de pâte à modeler et étalez une deuxième couche de vernis. Appliquez enfin une fine couche de vaseline.
Pour le tirage en bandes plâtrées, procédez comme pour la prise d'empreinte avec de petits coupons prédécoupés. Démoulez quand le plâtre est bien sec. Percez des trous pour les yeux et patinez. Procédez de la même manière pour exécuter une épreuve en papier mâché, par exemple.

REÇUS EN HÉRITAGE OU ACHETÉS AU HASARD D'UNE BROCANTE, TOUS CES OBJETS DÉTÉRIORÉS QUE NOUS CONSERVONS PAR ATTACHEMENT PEUVENT ÊTRE RESTAURÉS ET RÉPARÉS. LES PATINES SONT INDISPENSABLES POUR DONNER UN CARACTÈRE ORIGINAL ET PERSONNEL À VOS MOULAGES.

3

Restaurer, patiner

Les cadres

Les cadres de style produits en grand nombre au siècle dernier sont souvent abîmés. Les décors et moulures en plâtre sont en effet posés sur une semelle de bois, ce qui les rend particulièrement sensibles aux chocs. Si le cadre est de valeur, il est préférable de le confier à un professionnel, qui saura choisir la technique la plus appropriée pour ne pas l'endommager.

Trois cas de figure :

• Une petite partie du cadre présente des éclats de surface. Il suffit alors de déposer un peu d'enduit, de pâte durcissant à l'air libre ou de gesso et de reboucher les trous ou de remodeler les petits manques. Après un léger ponçage, on appliquera une crème à dorer sur les parties enduites.

• Une partie est endommagée ou manquante, mais la partie opposée symétrique est intacte. Il faut dans ce cas mouler la partie intacte, la couler en plâtre puis l'ajuster à la place de la partie manquante. C'est la technique que nous avons employée pour restaurer notre cadre de style.

• Il manque un élément important et sa partie symétrique est abîmée. Il faut alors modeler la partie manquante avec de la pâte, en s'aidant éventuellement de documents reproduisant des motifs similaires, puis réaliser un petit moule et couler du plâtre comme pour le cas précédent.

Restauration d'un cadre de style

1 Assurez-vous du bon état de la semelle de bois, collez-la et renforcez-la avec des équerres dans les angles si nécessaire.

Si la partie à mouler ne comporte pas trop de rétention, vous pouvez faire une empreinte avec de la pâte à modeler par pressage, en appliquant simplement du talc pour faciliter le démoulage. Si la partie à mouler comporte des rétentions importantes, utilisez de l'élastomère de silicone par estampage (pages 24 et 62) ou du latex par estampage (page 40). Dans le cas présent nous avons employé de la pâte à mouler au silicone.

2 Délimitez nettement les bords de la cassure, au besoin en l'agrandissant, retirez les morceaux qui ne tiennent pas.

3 Repérer et mouler la partie opposée identique. Pétrir la pâte à mouler au silicone et appliquer en une couche uniforme de 3 à 4 mm d'épaisseur en débordant d'au moins 1 cm tout autour de la partie correspondant à la partie à restaurer

4 Dans le cas d'une petite surface n'exédant pas 15 cm^2 augmenter simplement l'épaisseur de caoutchouc pour que le moule se tienne tout seul sans se déformer – dans le cas d'une grande restauration il est nécessaire de fabriquer une coque de maintient avec la bande plâtrée.

5 Humecter les bords de la cassure du cadre et préparer le plâtre. Remplir le moule avec un pinceau en badigeonnant bien la surface pour éviter les bulles. Retourner le moule sur le cadre en le maintenant sous pression avec un ruban adhésif.

6 Dès que le plâtre est pris (environ 1h), démouler, gratter les raccords et laisser bien sécher. Poncer légèrement la surface du plâtre et passez une couche de gesso, poncez à nouveau avec du papier abrasif très fin.

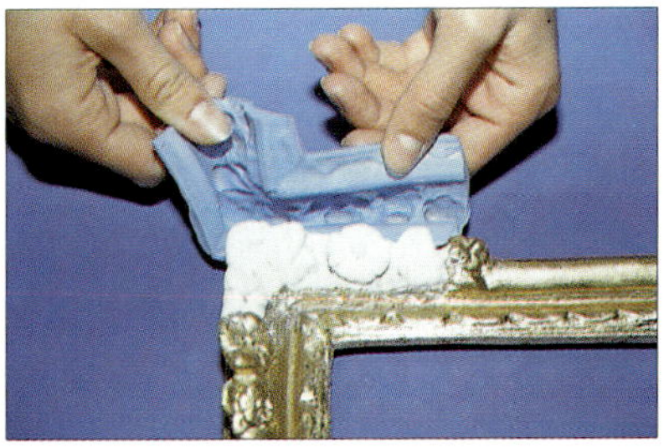

DIFFICULTÉ ♠ ♠

TEMPS ⏲ ⏲ ⏲

COÛT 🪙 🪙

FOURNITURES

Plâtre, pâte à mouler au silicone, bandes plâtrées, gesso, talc

La partie restaurée peut ensuite être redorée avec de la crème à dorer ou à la feuille d'or ou de cuivre (voir dorure page 51).

Les patines

Protéger et décorer le plâtre, la pierre reconstituée, le latex, les résines, leur donner une patine en agissant sur la couleur, la brillance, l'usure, incorporer une charge dans une résine pour imiter l'aspect du métal, du marbre... De multiples procédés et un grand nombre de produits ayant chacun une fonction particulière permettent d'y parvenir. Vous trouverez ci-après des recettes pour conserver, colorer ou patiner les principaux matériaux.

Les produits

Les charges : incorporées dans les résines, le plâtre, la pierre reconstituée, elles permettent d'en modifier la densité ou l'aspect extérieur et de diminuer le coût de la réalisation.
Il peut s'agir de :
• billes de polystyrène ou d'argile expansées et microsphères de verre creuses pour alléger, microbilles de verre pleines ou sable pour alourdir ;
• carbonate, talc, sciure de bois pour réduire le coût ;
• sable, poudre de marbre pour créer un aspect particulier par mélange ou flocage ;
• silice colloïdale pour épaissir les résines ;
• métaux en poudre (bronze, laiton, cuivre, aluminium) pour donner un bel aspect aux résines après polissage avec un disque de feutre enduit de pâte à polir, ou une patine avec de l'acide chlorhydrique ;
• essences et huiles essentielles à ajouter à l'eau pour parfumer le plâtre.

Les décoctions : brou de noix, thé, café, chicorée, lait pour teinter le plâtre.

Les apprêts : vernis à la gomme-laque pour boucher les pores du plâtre et de l'argile autodurcissante ; gesso (mélange de colle de peau ou liant acrylique, plâtre et blanc de Meudon) pour obtenir une surface blanche d'apprêt avant la peinture ou la dorure, ou (mélangé avec un pigment ocre ou rouge) une sous-couche avant la dorure à la feuille.

Les couleurs, colorants et pigments :
• peintures acryliques (à diluer à l'eau), pour tous supports (plâtre, bois, résines), disponibles dans une large gamme de teintes et d'effets (nacré, métallisé, iridescent, etc.) ; application au pinceau ou à l'aérographe ;
• peintures alkydes (à diluer à l'essence de térébenthine), pour le plâtre, les résines, le métal à bas point de fusion ;
• gouaches, pour teinter le plâtre dans la masse ;
• colorants, pour teinter les résines dans la masse.

Les pigments et les poudres : les terres contenant des oxydes de fer ou de manganèse (brun, jaune de Sienne), le noir de carbone, les pigments minéraux en poudre (jaune de cadmium, rouge vermillon, bleu outremer) s'emploient pour les patines en solution dans le vernis à la gomme-laque ou à la cire ; ils peuvent aussi servir à teinter dans la masse la cire à mouler, le plâtre ou la pierre reconstituée. Le talc permet de lustrer le plâtre et les patines.

Les liants, les vernis et les colles :
- vernis à la gomme-laque pour diluer les pigments et fixer les patines sur le plâtre et les résines ;
- vernis à la cire (vernis Céronis), composé de cire blanche et d'essence de térébenthine pour faire briller ou (mélangé avec un pigment) pour patiner ;
- vernis craqueleur ;
- vernis polyuréthanne pour protéger et polir les résines opaques ou transparentes ;
- mixtion grasse ou mixtion à l'eau pour la dorure.

Les dorures : peintures en aérosol, crèmes à dorer, dorure liquide, poudres métalliques brillantes, feuilles d'or, de cuivre ou d'argent pour donner un aspect métallique et brillant sur tous supports.

Les diluants : huile de lin pour traiter la pierre reconstituée, essence de térébenthine pour diluer la cire et les peintures alkydes.

Les outils :
- pinceaux, brosses, pochoirs pour appliquer peintures et vernis ;
- aérographe pour les effets de moucheté et de dégradés ;
- papier de verre à l'eau pour poncer les matériaux durs ;
- laine d'acier pour aviver les patines métalliques ;
- disque de feutre pour le polissage avec la pâte à polir ;
- mèche et tissu de coton pour faire briller les volumes par frottage.

Les techniques

Charger ou teinter dans la masse

Plâtre, bandes plâtrées : il est inutile de charger le plâtre, sauf pour l'alléger (par des billes de polystyrène ou des microsphères de verre creuses). Un peu de talc incorporé lors du gâchage lui donnera un aspect lisse et soyeux ; du lait permettra de le polir en lui donnant un aspect marbré. On colore le plâtre dans la masse en ajoutant à l'eau de gâchage un pigment en poudre ou une peinture miscible à l'eau. On peut aussi le parfumer avec des essences et des huiles essentielles.

Pierre reconstituée : on peut la teinter dans la masse en ajoutant à l'eau de gâchage un pigment ou une peinture acrylique, et l'alléger avec des billes de polystyrène ou d'argile expansée.

Latex : il peut être coloré dans la masse avec des colorants spéciaux ou acryliques et épaissi par un agent spécial ou du talc.

Cire à mouler : elle se teinte dans la masse avec des pigments en poudre ou des colorants spéciaux.

Résines : on peut agir sur
- la couleur, avec des pigments en poudre ou des colorants en pâte spécifiques. Pour obtenir des teintes transparentes, il suffit de mélanger un peu de colorant dans une petite quantité de résine, puis d'utiliser ce mélange pour teinter des quantités plus importantes ;
- l'aspect, en ajoutant des poudres métalliques (non brillantes) de laiton, de bronze, de cuivre, d'aluminium (8 à 10 parts en poids de poudre pour 1 part de résine)

Résine chargée de poudre de laiton

avant d'incorporer le catalyseur. Après la prise, on avive légèrement la surface avec de la laine d'acier, puis on applique de l'acide chlorhydrique dilué et on laisse sécher jusqu'à l'apparition de la couleur verte. Il suffit alors de frotter sur les volumes avec une crème de nettoyage pour les cuivres, puis de polir. On peut aussi incorporer du marbre en grains ou du sable afin de donner à la résine les caractéristiques de ces matériaux ;

• les charges, pour obtenir un liant qui entrera pour un très faible pourcentage dans le mélange ; l'apport judicieux des charges permet de donner son aspect à la pièce finale, modifie son poids et diminue son coût ;

• le poids : les microsphères de verre creuses permettent de diminuer le poids (1 volume de microsphères dans 1 volume de résine polyuréthanne) et donnent un matériau de la consistance du bois de tilleul (cette méthode est souvent utilisée pour fabriquer des cadres de style). Pour alourdir les résines, on peut incorporer toutes sortes de charges inertes (métal en copeaux, sable, etc.) jusqu'à la limite de coulabilité ;

• la consistance, en incorporant de la silice colloïdale ; les résines peuvent ainsi être épaissies jusqu'à prendre la consistance d'une pommade épaisse.

Résine et silice

Peindre en surface

Argile autodurcissante : dès qu'elle est parfaitement sèche, elle peut être vernie avec un vernis à la gomme-laque, un vernis polyuréthanne ou acrylique. On peut également la peindre directement avec des couleurs acryliques, de la peinture en aérosol ou des feutres.

Plâtre, bandes plâtrées : le plâtre étant poreux, il est préférable d'employer un bouche-pores (vernis à la gomme-laque ou gesso) avant d'appliquer une peinture. On trouve aussi des peintures acryliques à appliquer

Plâtre peint aux alkydes

directement sur le plâtre sec. Pour des effets hyperréalistes, les peintures alkydes diluées à l'essence de térébenthine donnent de très bons résultats.

Latex : ce matériau restant souple, il faut donc une peinture qui le soit aussi et qui accroche. Un mélange composé de 1/3 de latex, de 1/3 de médium acrylique mat et de 1/3 d'eau convient parfaitement. En séchant, il devient translucide et il est alors très facile d'obtenir toutes les nuances en travaillant par mélanges successifs à l'aide des couleurs de base (jaune, bleu, rouge, blanc). Il est aussi possible de maquiller le latex avec des produits cosmétiques.

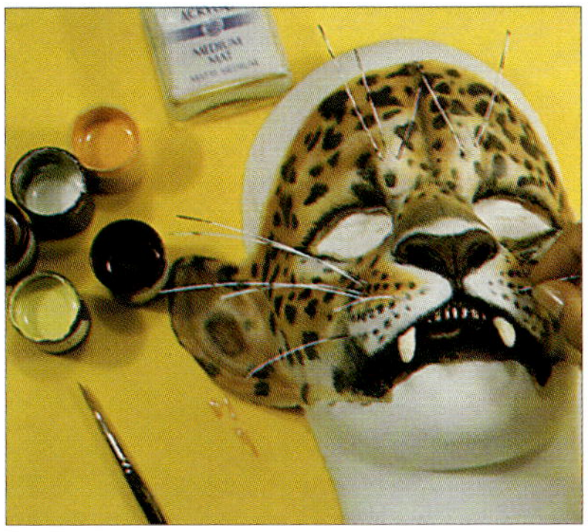

Décoration du masque en latex

Métal à bas point de fusion : les peintures alkydes posées sur une couche d'apprêt de type gesso donnent les meilleurs résultats. Elles se travaillent comme la peinture à l'huile mais sèchent beaucoup plus vite.

Résines : ces matériaux non poreux doivent être bien dégraissés avec un solvant et éventuellement poncés très légèrement avant de recevoir une finition. On utilise en général des peintures et des vernis polyuréthannes appliqués au pinceau ou au pistolet.

Sur un apprêt, on peut employer des couleurs acryliques ou vinyliques, voire des couleurs alkydes dans le cas de figurines en résine polyuréthanne.

Figurines en résine peintes aux alkydes

Lustrer, patiner, vieillir

Plâtre, bandes plâtrées : pour modifier l'aspect du plâtre, on peut utiliser

• du vernis à la gomme-laque clair (deux couches) puis, après séchage, du talc ou une encaustique, pour imiter l'albâtre ;

• du talc sur le plâtre humide, pour donner un aspect soyeux ;

• plusieurs couches de lait ; séchées et lustrées, elles confèrent un aspect opalin, proche du marbre ;

• de la céruse (mélange d'encaustique à base de cire et de blanc d'argent), passée au pinceau en insistant dans les creux puis, après séchage, frottée avec un chiffon doux ;

• la simple flamme d'une bougie, pour noircir le plâtre ; on peut ensuite frotter pour éclaircir les reliefs ;

• du cirage, de la cire d'antiquaire ou des produits de teinture du bois ;

• du brou de noix, des décoctions de thé, de café ou de chicorée, du bitume dilué avec de l'essence de térébenthine, pour donner des nuances brunes dont l'éclat peut être accentué avec une encaustique ;

• de l'argile rouge diluée avec de l'eau et un peu de colle blanche pour imiter la terre cuite ; il suffit d'appliquer le mélange à la brosse sur le plâtre sec, de laisser sécher, puis de cirer et de faire briller les reliefs.

Pierre reconstituée : pour faire ressortir le grain de la pierre après le démoulage, on peut appliquer au pinceau une solution d'acide chlorhydrique et d'eau, laisser agir, bien rincer à l'eau claire

Café appliqué sur le plâtre

et laisser sécher. Pour teinter la pierre en surface, on diluera très peu de pigment dans une solution d'huile de lin et de 20 % d'essence de térébenthine avant d'appliquer au pinceau.

Cire à mouler : pour polir et lustrer la cire, on peut appliquer de l'essence de térébenthine et frotter avec un coton, laisser sécher et finir le frottage sous un filet d'eau froide pour faire briller.

Les résines : le polissage se fait avec un disque de feutre enduit de pâte à polir monté sur une perceuse électrique. Les patines s'obtiennent en appliquant du vernis à la gomme-laque teinté avec des pigments ou des poudres métalliques. Pour faire briller les résines, on peut utiliser une cire diluée dans un solvant et frotter ; pour les rénover, on emploiera une crème de nettoyage pour les cuivres.

La patine à la gomme-laque

Diluée dans l'alcool, la gomme-laque donne un vernis très stable et solide, à la base de la technique dite du vernis « au tampon », pratiquée sur les meubles en bois. Mélangé avec des pigments, ce vernis permet d'obtenir une infinité de nuances et accroche sur pratiquement tous les supports secs. La gomme-laque est vendue en paillettes à dissoudre dans l'alcool ou déjà diluée et prête à l'emploi ; elle peut être brune ou claire quand elle est raffinée.

Quelques recettes de patines à la gomme-laque.

Pierre : vernis à la gomme-laque + pigment ton pierre. Passez une deuxième couche au pochoir, puis du vernis Céronis teinté avec des pigments couleur pierre ; frottez avec du pigment blanc et du talc.

Terre cuite : vernis à la gomme-laque + pigments couleur terre (deux couches). Passez ensuite du vernis Céronis teinté d'un ton légèrement différent, poudrez avec de la terre de Sienne et frottez légèrement.

Granit : vernis à la gomme-laque + couleur de la valeur finale. Projetez des gouttes de tons différents avec un pinceau ou une brosse.

Étain : vernis à la gomme-laque clair + pigments gris (deux couches). Frottez ensuite les reliefs avec une poudre d'aluminium, fixez au vernis à la gomme-laque. Passez un vernis à la cire teinté avec des pigments gris, poudrez avec un mélange de pigment métallisé et de talc. Frottez sur les volumes.

Bronze : vernis à la gomme-laque + pigments (gris, brun, noir) dans les creux, puis vernis à la gomme-laque + poudre métallique brillante. Passez ensuite du vernis à la cire teinté (véronaise, brun, bleuté) et frottez sur les volumes pour faire ressortir le métal.

Flocage et craquelures

Le flocage consiste à faire adhérer sur une surface un matériau en poudre (paillettes multicolores, fibres textiles, sable). Pour imiter la pierre, on peut appliquer une couche de colle vinylique ou en aérosol sur le support bien sec, saupoudrer du sable et laisser sécher avant d'éliminer le sable en excédent.
Certains vernis prêts à l'emploi permettent d'obtenir des effets de craquelures : on applique sur le décor peint un premier vernis à patiner dilué au white-spirit puis, après séchage, un vernis craqueleur dilué à l'eau. La finition est ensuite protégée avec un vernis à la cire blanche.

Dorure et argenture

Plusieurs produits permettent de donner un aspect doré ou argenté : les couleurs à l'huile ou acryliques, les peintures en aérosol or et argent ; les dorures liquides composées de poudres de métal très fines et brillantes en dispersion dans un vernis, à appliquer au pinceau ; les crèmes à dorer, associant en général des poudres de métal très fines et brillantes à une cire à encaustiquer, pour dorer des petits objets ou pour les raccords. Dorures liquides et crèmes à dorer sont disponibles dans une large gamme de nuances : or pâle, or riche, bronze, étain…

La dorure à la feuille est une méthode traditionnelle encore auréolée d'un certain mystère et dont seuls certains artisans possèdent la maîtrise. Il s'agit de coller une feuille de métal très finement battue (or, cuivre, argent) sur un support préalablement enduit d'un mélange composé de blanc de Meudon et de colle de peau, chauffé au bain-marie.
Cet enduit est poncé puis recouvert de l'assiette à dorer, constituée d'argile teintée de rouge ou d'ocre. La feuille de métal est ensuite collée à l'eau (dorure à la détrempe). Après séchage, la feuille est polie sur les reliefs avec un outil en pierre d'agate : la couche d'apprêt, en s'écrasant légèrement sous la pression, lisse et fait briller la feuille de métal ; l'assiette colorée apparaît dans les fines craquelures et contribue à donner un aspect vieilli et chaud.
Dans la technique rapide présentée page 51, le fond est simplement recouvert d'une couche de peinture rouge ou ocre, ou encore d'assiette Fontenay, puis d'une mixtion. La surface reste poisseuse et collante pendant plusieurs heures et permet ainsi l'application de la feuille de métal. On utilise alors le plus souvent de la feuille de cuivre battue, plus économique et donnant un bon rendu.
Les creux peuvent être assombris avec un pigment lié avec un vernis à la cire et les reliefs prennent leur brillant par frottage ou avec quelques touches de vernis à la gomme-laque.

Des idées en plus

Objets décoratifs en résine transparente et métal

Vous trouverez sur ces pages des exemples d'objets qu'il est possible de réaliser dans le domaine des arts de la table. Ces objets sont en général d'abord créés en argile ou en plastiline puis moulés en élastomère de silicone pour être reproduits dans différents matériaux (plâtre blanc ou teinté, résine polyester transparente, par exemple).

▲ *Cette coupelle, créée par Facetti, a été réalisée en résine polyester avec des incrustations en métal doré.*

▲ *Les deux bougeoirs et le cendrier présentés ci-dessus ont été créés par Facetti et réalisé en résine transparente teintée et dépolie dans des moules en élastomère de silicone. Le fond du cendrier et les corolles des bougeoirs sont en métal doré.*

▲ *Ce bougeoir, créé par Facetti, est en résine polyester transparente teintée et dépolie. Il a été coulé dans un moule en élastomère de silicone en deux parties. Le socle et le haut du bougeoir sont en métal doré.*

▲ *La coupelle et la boîte ronde, créées par Facetti, sont en résine polyester teintée et dépolie. La coupelle a été posée sur un socle en métal doré.*

Objets décoratifs en plâtre ou en résine

▲ *Ces bougeoirs, créés par François Bouvier pour « Les 7 péchés capitaux », sont en plâtre blanc ou teinté dans la masse. Ils ont été coulés dans des moules en élastomère de silicone ou en latex.*

▼ *La boîte ronde présentée ci-dessous, créée par François Bouvier pour « Les 7 péchés capitaux », est en plâtre blanc coulée dans un moule en élastomère de silicone ou en latex. Le bord du couvercle et du socle sont décorés avec de la dorure liquide.*

▲ *Ce coffret, créé par Fabienne Jouvin pour « Les 7 péchés capitaux », est en plâtre « terre cuite », moulé dans un moule en élastomère de silicone ou en latex. Les pieds, le médaillon et l'abeille sont en plâtre blanc.*

▲ *L'ensemble de coquetier, porte-couteaux et rond de serviette, créé par « Les 7 péchés capitaux », a été réalisé en résine polyuréthanne blanche dans des moules en élastomère de silicone. Le cœur de chaque fleur peut être peint avec de la peinture acrylique brillante.*

▲ *Ce bougeoir à motifs de muguet, créé par Fabienne Jouvin pour « Les 7 péchés capitaux », a été réalisé en plâtre blanc, coulé dans un moule en élastomère de silicone ou en latex.*

Glossaire

Acrylique : résine entrant dans la composition de peintures miscibles à l'eau.

Agate : variété de calcédoine ; taillée en forme d'outil, elle sert à polir la dorure à la feuille.

Âge d'airain (l') : une des premières sculptures de Rodin (1874), qui fut accusé de l'avoir moulée sur nature.

Agent thixotrope : agent épaississant.

Alkyde : résine artificielle entrant dans la composition de peintures pour artistes et qui en accélère le séchage.

Alun de potasse : sel alcalin utilisé en solution dans l'eau pour neutraliser l'acidité de la surface des empreintes en alginate avant le coulage du plâtre.

Amidon : constituant principal du blé et des féculents. L'eau chaude lui confère des propriétés gélatineuses.

Ammoniaque : solution aqueuse du gaz ammoniac, utilisée pour stabiliser le latex.

Ammonite : céphalopode fossile du secondaire dont la coquille est en forme de spirale.

Antimoine : métal entrant dans la composition d'alliages à bas point de fusion pour en augmenter la dureté.

Assiette Fontenay : sous-couche pour la dorure à la feuille, composée de colle de peau, de blanc de Meudon et de pigment rouge, à faire fondre au bain-marie avant application.

Baekeland L. H. : chimiste belge, (1863-1944) naturalisé américain inventeur de la Bakélite, première résine synthétique.

Bakélite : première résine synthétique, obtenue par condensation d'un phénol avec l'aldéhyde formique.

Barbotine : argile délayée dans l'eau destinée à patiner le plâtre ou faire adhérer l'argile fraîche sur elle-même.

Benzène : liquide incolore peu soluble dans l'eau, découvert en 1824 par Faraday et produit par synthèse dès 1866. À la base de la fabrication des résines polyester.

Biscuit : pâte ayant subi, sans être émaillée, une cuisson complète ; le biscuit de faïence est poreux, celui de porcelaine est imperméable et a l'aspect d'un marbre blanc.

Bismuth : métal utilisé dans les alliages pour en abaisser le point de fusion.

Blanc de Meudon : variété de carbonate de calcium extrêmement pure et finement pulvérisée.

Bois mélaminé : bois aggloméré recouvert d'une fine couche de résine lisse et isolante.

Bouche-pores : produit employé pour boucher les pores d'un matériau et le rendre imperméable.

Brou de noix : liquide brun obtenu par macération de l'enveloppe verte des noix dans l'eau, utilisé pour teinter le bois ou le plâtre.

Calandrage : action qui consiste à réaliser une plaque en pressant un matériau malléable.

Canal de coulée : petit canal aménagé dans un moule, par lequel on verse le produit de moulage.

Carbonate : poudre blanche issue de marbre broyé très finement, utilisée pour charger les résines et fabriquer les enduits.

Caséine : substance constituant la majeure partie des protides du lait.

Çatal Höyük : site de la plaine de Konya, en Turquie, où se trouve un important gisement archéologique du néolithique.

Catalyseur : corps qui provoque une réaction chimique par sa seule présence.

Celluloïd : matière plastique très malléable à chaud, à base de nitrocellulose plastifiée par le camphre, utilisée pour fabriquer les balles de ping-pong.

Céroplastique : art de modeler dans la cire.

Chape : coque permettant de contenir et de maintenir en forme la membrane souple d'un moule.

Charge : matériau inerte en poudre ou en grains destiné à être mélangé à un matériau liquide ou pâteux pour en modifier les caractéristiques.

Chaussette : désigne la membrane souple d'un moule.

Cire blanche : cire d'abeille ou cire minérale raffinée entrant dans la composition de vernis ou d'encaustiques.

Cire de carnauba : cire végétale.

Clés : voir Repères.

Cloche à vide : dispositif composé d'un socle et d'un couvercle transparent dans lequel on peut pomper l'air pour faire le vide afin de débuller l'élastomère de silicone et les résines.

Colle blanche : colle à base de vinyle employée pour coller le bois.

Colle de peau : colle fabriquée à partir de peau de lapin.

Contre-dépouille : une forme est en contre-dépouille ou « rétentive » quand un ou plusieurs points (rétentions) de sa surface empêchent le démoulage.

Couture : ligne matérialisant la séparation entre deux parties d'un moule.

Crasses : traces d'oxydation qui se forment à la surface des métaux à bas point de fusion pendant la fonte.

Crème à dorer : poudre de métal brillante mélangée à une cire à encaustiquer.

Crème abrasive : produit de nettoyage des cuivres ou de l'argenterie.

Dépouille : une forme est « de dépouille » quand tous les points de sa surface se démoulent suivant le même axe.

Diatomées : algues unicellulaires à membrane siliceuse vivant en eau douce ou salée.

Duplicata : se dit d'une épreuve réalisée dans un moule détruit après un usage unique.

Élastomère : matériau souple et caoutchouteux obtenu par polymérisation. L'élastomère de silicone est un liquide visqueux qui vulcanise à température ambiante sous l'action d'un catalyseur.

Émulsifiant : produit favorisant la dispersion d'un corps dans un liquide avec lequel il n'est pas miscible.

Encaustique : produit à base de cire

destiné à polir et à faire briller.

Épreuve : tirage exécuté dans un moule.

Essence de térébenthine : essence obtenue par distillation de la térébenthine extraite généralement du pin maritime ou du mélèze (de térébenthine de Venise). Utilisée comme diluant et pour dissoudre les corps gras (cires). Voir aussi White-spirit.

Estampage : action d'appliquer à la main ou avec un outil un matériau sur une surface. Ancienne technique mettant en œuvre l'argile pour mouler les statues.

Étain : métal blanc inaltérable à l'air, fusible à 232 °C. Allié au cuivre, il donne le bronze ; il entre dans la composition des alliages à bas point de fusion.

Éthylène : hydrocarbure gazeux tiré du pétrole ; composant de nombreuses matières plastiques.

Évent : canal aménagé dans un moule pour permettre l'évacuation de l'air pendant la coulée du matériau de tirage.

Fernandez d'Oviedo : chroniqueur espagnol du XVIe siècle, originaire de la ville d'Oviedo, auteur d'une histoire générale des Indes.

Feuille d'or, de cuivre ou d'argent : métaux battus en feuilles d'une extrême finesse destinées à la dorure.

Filasse : matière textile constituée de filaments tirés du chanvre ou du lin utilisée pour renforcer le plâtre.

Fleur d'eau : désigne un plâtre qui affleure la surface de l'eau lors du gâchage.

Flocage : projection d'un matériau réduit en fines particules sur une surface préalablement enduite de colle.

Fondur : vernis que l'on peut diluer à l'eau.

Galalithe : une des premières matières plastiques ; très dure, elle est obtenue à partir de la caséine du lait et employée pour remplacer l'ivoire dans la fabrication de boules de billard.

Gélatine : matière de la consistance d'une gelée, obtenue par action de l'eau chaude sur les tissus animaux ; utilisée en moulage jusqu'à son remplacement par l'élastomère de silicone.

Gélifiant : additif permettant de donner la consistance d'un gel.

Gélification : moment où une résine liquide prend la consistance d'une gelée avant de durcir définitivement.

Gesso : préparation blanche à base de blanc de Meudon, de plâtre et de liant acrylique (applicable à froid) ou de colle de peau (applicable à chaud), utilisée pour enduire et apprêter les surfaces.

Glaise : terre grasse et compacte issue de la décomposition des roches par les eaux de ruissellement.

Gomme-laque : sécrétion produite par une cochenille de l'Inde *(Coccus lacca)* ; diluée dans l'alcool, elle est utilisée comme bouche-pores et, avec des pigments, pour les patines.

Gouache : peinture à l'eau à base de gomme et de pigments.

Granulats : constituants inertes (graviers, sable, cailloux).

Haut-relief : se dit d'une sculpture dont les volumes sont presque totalement détachés du fond et comportent de nombreuses rétentions.

Héphaïstos : dieu grec du Feu et des Métaux.

Hérodote : historien grec (v. 484-v. 420 avant J.-C.).

Hévéa : arbre originaire d'Amérique du Sud, surtout cultivé en Asie, dont on récolte le latex.

Hyatt, J. W. : chimiste américain (1837-1920), inventeur du Celluloïd en 1869.

Imprimer un moule : appliquer au pinceau ou à la main la première couche d'un matériau de tirage dans un moule.

Latex « gel » : latex naturel de la consistance du fromage blanc battu, applicable au pinceau ou à la brosse, pour réaliser des moules à membrane souple.

Liant : voir Médium.

Lysistrate de Sicyone (frère du sculpteur Lysippe) **:** sculpteur grec né à Sicyone (v. 390 avant J.-C.), à qui on attribue l'invention du moulage sur le vif.

Médium acrylique : liant incolore et transparent utilisé pour les peintures.

Membrane souple : pellicule d'élastomère directement en contact avec l'objet moulé.

Métallisation dans la masse : opération qui consiste à incorporer des charges pendant le mélange d'un matériau pour imiter l'aspect du métal.

Méthanol : alcool méthylique utilisé comme intermédiaire dans les synthèses chimiques.

Microsphères de verre creuses : petites billes de verre remplies d'un gaz inerte, employées comme charge pour alléger les résines et le plâtre.

Mirette : outil pour travailler l'argile ou la plastiline, composé d'un manche et d'un fil de fer recourbé.

Moule chaussette : moule comportant au moins une membrane souple.

Mousse de latex : mousse produite à partir de latex battu en neige, qui doit être cuite dans un moule en plâtre.

Muséologie : science de la conservation et de la mise en valeur des collections des musées.

Néolithique : début du développement technique de la préhistoire, qui commence à l'âge de la pierre polie et se termine à l'âge du bronze.

Niaux : commune de l'Ariège, où se trouve une grotte ornée de peintures du magdalénien.

Original : se dit de l'objet sur lequel on a réalisé un moule.

Paléontologie : étude scientifique des fossiles.

Pandore : première femme dans la mythologie grecque, responsable du mal sur la terre, car elle ouvrit le vase où Zeus avait enfermé les misères humaines.

Peau d'orange : surface rugueuse caractéristique des résines polyester coulées.

Photophore : coupe décorative destinée à abriter une bougie.

Pigment : substance colorée naturelle produite par les organismes vivants. Désigne aussi les couleurs en poudre à base de terres ou d'oxydes.

Plan de joint : plan de coupe qui délimite les différentes parties d'un moule en tenant compte des rétentions.

Polymérisation : réaction qui permet de créer des liaisons entre des molécules de faible masse.

Polyuréthanne : matière plastique dont on fait des mousses, des élastomères et des rigimères.

Porcelaine : mélange de feldspath, de quartz et de kaolin donnant un matériau dur et cassant après cuisson à plus de 1 050 °C.

Portée : voir Plan de joint.

Prise en gel : moment où un matériau liquide ou pâteux commence à se transformer en masse gélatineuse.

Raisonner un moule : le concevoir mentalement.

Repères : marques gravées sur le plan de joint d'un moule en plusieurs parties pour en faciliter la reconstitution.

Rhodoïd : matière thermoplastique transparente à base d'acétate de cellulose.

Rigimère : se dit d'un matériau rigide et dur.

Résidus inertes : déchets de résines et élastomères solides et totalement polymérisés.

Rétention : partie d'une forme qui contrarie le démoulage.

RTV. : le sigle RTV (Room Temperature Vulcanising) qualifie tous les élastomères qui vulcanisent à température ambiante sous l'action d'un catalyseur.

Silice : corps solide très abondant, dont il existe plusieurs variétés naturelles (quartz, calcédoine, etc.).

Silice colloïdale : poudre très fine, agent épaississant pour les résines et les liquides en général.

Solvant : produit destiné à diluer ou à dissoudre une résine ou un vernis. Les principaux sont l'acétone, le trichloréthylène, l'essence de térébenthine et le white-spirit.

Stratifiés composites : matériaux durs composés de plusieurs feuilles de papier, de fibres de verre ou de carbone, imprégnées de résines thermodurcissables (polyester ou époxyde).

Styrax : arbrisseau exotique fournissant le benjoin et à partir duquel on a pour la première fois extrait le styrène.

Styrène : hydrocarbure benzénique, à odeur de gaz d'éclairage, servant de matière première pour de nombreux plastiques.

Talc : poudre très fine obtenue par broyage de silicate de magnésium, extrait des schistes cristallins. On l'emploie pour charger le latex et les résines ou pour patiner le plâtre.

Thermodurcissable : se dit d'un matériau qui durcit à la chaleur de manière irréversible.

Thermoplastique : se dit d'un matériau qui se déforme à la chaleur et durcit en refroidissant.

Thixotropie : propriété pour un matériau liquide d'épaissir et de tenir sur une paroi verticale.

Tige de coulée : canal par lequel est introduit le matériau de moulage dans le moule.

Tirage : voir Épreuve.

Tirage au renversé : procédé qui permet de réaliser des tirages creux.

Vernis à la cire (vernis Céronis) : solution de cire blanche et d'essence de térébenthine, utilisée avec ou sans pigment pour lustrer ou patiner les surfaces.

Vernis craqueleur : se dit d'un vernis qui provoque un effet de craquelures imitant les laques et faïences orientales, en général composé de deux vernis à appliquer l'un après l'autre.

Vernis polyuréthanne : vernis bicomposants, transparent, stable à la lumière, utilisé pour polir et vernir les résines.

Verranne : tissage de fibres de verre épousant les formes arrondies, employé pour les stratifiés composites ou pour renforcer les membranes en élastomère de silicone ou en latex.

Définition des symboles

DIFFICULTÉ ♠	**TEMPS**	**COÛT**
très facile (pour débutant)	**très rapide (quelques minutes)**	**très peu cher (entre 75 et 150 F)**
DIFFICULTÉ ♠ ♠	**TEMPS**	**COÛT**
facile (pour tous)	**assez long (quelques heures)**	**pas cher (entre 150 et 300 F)**
DIFFICULTÉ ♠ ♠ ♠	**TEMPS**	**COÛT**
difficile (pour initiés)	**long (au moins une journée)**	**assez cher (entre 250 et 500 F)**